V&R

DIENST AM WORT

Die Reihe für Gottesdienst und Gemeindearbeit

Band 159

Vandenhoeck & Ruprecht

Christiane Berthold-Scholz

Gedanken und Gebete zu biblischen Texten im Kirchenjahr

Vandenhoeck & Ruprecht

Bibliografische Information der Deutschen Nationalbibliothek

Die Deutsche Nationalbibliothek verzeichnet diese Publikation in der Deutschen Nationalbibliografie; detaillierte bibliografische Daten sind im Internet über http://dnb.d-nb.de abrufbar.

ISBN 978-3-525-63059-4

Weitere Ausgaben und Online-Angebote sind erhältlich unter: www.v-r.de

Umschlagabbildung: © akg images

Satz: SchwabScantechnik, Göttingen
Umschlag: SchwabScantechnik, Göttingen
Druck und Bindung: ⊕ Hubert & Co., Göttingen

Gedruckt auf alterungsbeständigem Papier.

Inhalt

Vorwort

Wer betet, erwartet etwas. Von Gott: dass er sich zeigen möge – wie auch immer. Vom Leben: dass es letztlich gut sei, was auch geschieht. Von sich selbst: dass es gelinge los zu lassen, sein Lebensglück und -leid anheim zu geben, auf die Wirksamkeit einer Kraft zu vertrauen, die nicht aus einem selber kommt.

Im Gebet breiten Menschen aus, was sie bewegt und umtreibt, was sie beglückt und schmerzt, was ihnen unbegreiflich ist und sie empört. Gebet ist Zwiesprache mit Gott, der unsichtbar, unbegreiflich und rätselhaft bleibt, nicht antwortet und doch „spricht": durch Bibelworte, durch den Mund seiner Boten und Prophetinnen, durch die Ereignisse und Erfahrungen des Lebens selbst.

Gebete sind facettenreich. Freude und Dank, Klage und Schmerzensschrei, Zweifel und Gewissheit, Eingeständnis eigener Schuld und Niederlagen – alles kommt zum Ausdruck, wenn Menschen sich an Gott wenden, kindlich vertrauensvoll wie an einen liebevollen Vater, eine fürsorgliche Mutter, denen man sein Herz ausschüttet, ohne schon zu wissen, wohin es führen wird (vgl. Römer 8, 15).

Gebete brauchen Offenheit: für jegliche Anliegen und Erfahrungen. Für unterschiedliche, ja gegensätzliche Bilder, Einfälle, Gedanken, Empfindungen. Für Unbotmäßiges. Sie leben von der Einsicht, dass in Gottes Augen alles ganz anders sein kann, als der Menschenverstand sich zurecht legt (vgl. Sprüche 16,9). Deshalb werden sie Gott keine Anweisungen geben, seien sie auch von noch so heißen Wünschen bewegt.

In diesem Sinn laden die in diesem Buch gesammelten Gebete dazu ein, es selbst zu versuchen: eigene Sprache zu finden, unermüdlich zu bleiben im Versuch, innere Bewegung und gedankliche Einsicht zur Sprache bringen: persönlich, dringlich, lebensnah und gottesfürchtig zugleich.

Die Gebetstexte sind erwachsen aus dem jahrelangen Taizé-Gebet im Evangelischen Predigerseminar Hofgeismar, zum dem sich einmal wöchentlich Gemeindeglieder der umgebenden Ortsgemeinde, Bewohnerinnen der Evangelischen Altenhilfe Gesundbrunnen und Seminarteilnehmende versammelt haben. Neben mir selbst haben Kantorin Adelheid Böhme und Pfarrerin Dr. Alwine Slenczka an der Gestaltung der Andachten mitgewirkt. Ohne die gemeinsame Arbeit wären die vorliegenden Gebete nicht entstanden. Ihnen sei das Büchlein zugeeignet: in Dank und schwesterlicher Verbundenheit.

Ulrike Laakmann und Dr. Frithard Scholz danke ich für engagiertes „Gegenlesen“ und konstruktive Kritik.

Hofgeismar, im Dezember 2014
Christiane Berthold-Scholz

Einleitung – Zum Gebrauch dieses Buches

Die in diesem Buch versammelten Gebete vereinen Gedanken zu biblischen Texten mit Lob, Dank und Klage, Bitten und Fürbitten, die dem Nachsinnen über die Texte entspringen. Ein größerer Teil entstand für das wöchentliche Taizé-Gebet im Evangelischen Predigerseminar Hofgeismar, andere wurden eigens für diese Veröffentlichung geschrieben, um ein Angebot für das gesamte Kirchenjahr vorlegen zu können.

Verwendungsmöglichkeiten

Die Gebete eignen sich weniger zum Einsatz im Fürbittenteil des agendarischen Gottesdienstes. Dafür sind die meditativen Teile häufig zu breit angelegt. Eher finden die Gebete ihren Ort in kleinen Gottesdienstformen (Andachten), vorzugsweise am Abend eines Wochentags, eines Sonntags oder zum Wochenschluss, in denen sich der Verkündigungsteil auf eine biblische Lesung beschränkt, der Lesung eine Stille und Gesang folgen und das Gebet noch einmal bündelt und konzentriert, was die Feiernden im Hören des Bibeltextes beschäftigt haben mag. Ein Modell für eine derartige Abendandacht findet sich im folgenden Kapitel. Ähnliches gilt für Gottesdienste mit kleiner Teilnehmerzahl, in denen auf eine Predigt verzichtet wird oder für den kein/e Prediger/in zur Verfügung steht. Hier können Lesung, Stille, Gebet und Gesang eine sinnvolle Einheit bilden und situationsgemäß gestaltet werden. Beispielsweise lassen sich Gottesdienste, die nach der „Gemeindeagende" gefeiert werden, mit diesen Gebeten variieren und bereichern (s. unter http://www.kirchenkreis-egeln.de/gemeindeagende).

Bei Andachten unter der Woche orientiere man sich an dem Vorschlag des vorauf gehenden Sonntags. Bei Andachten/Gottesdiensten am Samstagabend kann auch der Vorschlag für den folgenden Sonntag zum Einsatz kommen, vor allem, wenn der reguläre Sonntagsgottesdienst entfällt oder als „anderer“ Gottesdienst gefeiert wird.

Auswahl der Texte und Gliederungsschema

Die Zusammenstellung der Bibeltexte und Gebete in Kap 1–4, 6 und 11 folgt einem kirchenjahreszeitlichen Schema. Häufig wurden die Evangelientexte des jeweiligen Sonntags bzw. Festtags zugrunde gelegt, aber auch in der geltenden Perikopenordnung vorgesehene Episteltexte und alttestamentliche Lesungen, gelegentlich einer der vorgeschlagenen Predigttexte.

Die jeweilige Textwahl folgte einem subjektiven Prinzip der Autorin bzw. Absprachen im Team der Hofgeismarer Taizé-Gebete: Welcher Text berührt mich persönlich, wo finde ich einen Impuls für eigene Gedanken, Gebetsanliegen. So in den Kapiteln 1–4, 6 und 11.

Ergänzend bietet Kapitel 5 eine weitere Textfolge für die Passionszeit. Hier wird die Passionsgeschichte nach Markus in fortlaufenden Textabschnitten gelesen und ins Gebet genommen (vgl. EG 790 HE, Passionsandacht, Reihe 2).

Abweichend von der Perikopenordnung sind die Vorschläge für die Trinitatiszeit zwischen Pfingsten und Erntedank ausgewählt. Die „festlose“ Zeit, in der auch die Sommerpause liegt, bietet eine schöne Möglichkeit für thematische Reihen. Der Pfingsterzählung folgen Texte aus der Apostelgeschichte, die Episoden aus dem Leben in den frühen Christengemeinden aufnehmen (Kapitel 7). Hierauf folgt eine Reihe mit Texten aus Paulusbriefen (Kapitel 8). Aus dem Alten Testament werden die vier Kapitel des Jona-Buches meditiert (Kapitel 9). Sechs Einheiten widmen sich dem Thema „Engel“ – ein Vorschlag für die Zeit vor und nach Michaelis (Kapitel 10). Die Reihenfolge dieser thematischen Einheiten ist selbstverständlich variierbar.

Für das Erntedankfest und die Wochen am Ende des Kirchenjahres (Kapitel 11) folgt die Wahl der Lesungstexte wieder dem gleichen von der Perikopenordnung geprägten Schema wie in den Kapiteln 1–4 und 6. Einige zusätzliche Gebetsvorschläge finden sich in Kapitel 12.

Gelegentlich nehmen Gebetsverse Bezug auf aktuelle Ereignisse, die die Teilnehmenden des Hofgeismarer Taizé-Gebetes zum Zeitpunkt der jeweiligen Andacht besonders beschäftigt haben: Der Amoklauf in Winnenden; die Atomkatastrophe in Fukushima etc. Diese Zeilen sind jeweils kursiv gedruckt und in Klammern gesetzt. Sie sind von den Verantwortlichen durch jeweils aktuelle Beispiele zu ersetzen, ggf. ganz auszulassen.

Generell ist Vorsicht geboten, ganz konkrete Ereignisse oder bestimmte Menschen ausdrücklich ins Gebet zu nehmen: sehr Bestimmtes schließt immer anderes Wichtige aus, kann zu Missverständnis und Ärger führen. Andererseits macht die Benennung konkreter Ereignisse oder Personen deutlich, dass Beten nicht „im luftleeren Raum" geschieht, sondern das konkrete, gelebte Leben, auch in seinen gesellschaftlichen und politischen Dimensionen, reflektiert.

Gesänge

Jedes der Gebete enthält auch einen Vorschlag für gesungene Kehrverse, die von den Anwesenden zwischen den einzelnen Gebetsstrophen gesungen werden. Neben einem Gesang aus dem Repertoire der Communauté de Taizé steht alternativ ein deutschsprachiger Gesang aus dem EG zur Auswahl.

(Teilweise sind die Gesänge mit der Bemerkung HE versehen. Diese meint den Hessischen Anhang zum EG. Wo dieser nicht zur Verfügung steht, findet sich der Gesang meist in einem anderen Liederbuch oder man wählt etwas Passendes aus dem eigenen Bestand).

Wo für die vorgeschlagenen Kehrverse Kanons ausgesucht wurden, empfiehlt es sich, den Gesang mehrmals in einfacher Form zu singen und, je nach Möglichkeit und Gruppengröße, bei der letzten Wiederholung die Kanonform zu wählen.

Auf die Gesänge sollte grundsätzlich nicht verzichtet werden, denn sie stellen ein wichtiges Element der Gemeindebeteiligung dar. Sinnvoll ist es, wenn Lieder und Gesänge während einer kirchenjahreszeitlichen Sequenz gleich bleiben. Wiederholung bedeutet immer auch Einübung. Gut Geübtes hilft zur Entfaltung der meditativen Kraft einer Liturgie: „Es fließt".

Von einer einfühlsamen musikalischen Begleitung der Gesänge (Orgel, Klavier, Keyboard) hängt Entscheidendes für das Entstehen einer ruhigen und stimmungsvollen Atmosphäre des „kleinen Gottesdienstes“ ab. Insbesondere die Taizé-Gesänge lassen Menschen zu einer inneren Haltung finden, die ein sich Einlassen ins Beten überhaupt erst ermöglicht. Auch bei geringer Zahl von Teilnehmenden „lohnt“ es sich, für die musikalische Begleitung und Gestaltung nach engagierten Mitwirkenden zu suchen. Wo man sich für die Taizé-Gesänge entscheidet, kann sich ein Singteam bilden, das die Mehrstimmigkeit der Gesänge stützt. Erst in der Mehrstimmigkeit entfalten sie ihre berührende Eigenart.

Gebetsabschluss

Jedes Gebet endet mit einem eigens gewählten Abschluss nach dem gemeinsamen Vaterunser. Meist wurden dafür (gesprochene) Strophen aus einem Gesangbuchlied oder einem Text der Tradition gewählt, was jeweils vermerkt ist. Gelegentlich finden sich eigene Formulierungen der Autorin. Im „Modell einer Abendandacht“ folgt diesem Abschluss der Segen/das Segenswort.

Die Entscheidung für Liedstrophen als Abschluss hat sich in der Entwicklung des Hofgeismarer Taizé-Gebets zunächst naturwüchsig ergeben. Im Nachhinein zeigen sich gute Gründe dafür. Die Liedstrophen verbinden das aktuelle Gebet mit der jahrhundertealten Tradition von Singen und Beten, die das Evangelische Gesangbuch repräsentiert. Individuelles und Tradiertes begegnen sich in Übereinstimmung oder Gegensatz und erzeugen eine reizvolle Spannung im Gefüge der gefeierten Andacht.

Zum Vortrag und Setting

Beim Vortrag der Bibeltexte und ebenso beim Sprechen der Gebetstexte ist es wichtig, den Mitbetenden/Hörenden (und sich selbst!) Zeit zu lassen und Raum für innere Resonanz zu geben.

Nach jeder Gebetszeile ist eine kleine Pause ratsam, in der die Worte nachklingen können und Raum ist für eigene Empfindungen, Gedanken, Assoziationen, innere Bilder, Zustimmung oder Widerspruch.

Das Gebet verträgt keine Eile.

Im Gefüge der vorgeschlagenen Andacht ist es sinnvoll, dass die Texte auf zwei Sprecher/innen verteilt werden. Der Stimmwechsel belebt die sparsam und einfach angelegte Folge von Text und Musik und entspricht dem dialogischen Prinzip, dem evangelische Liturgien grundsätzlich folgen.

Im Hofgeismarer Taizé-Gebet hat es sich bewährt, dass Teilnehmende und Mitwirkende gemeinsam im Halbkreis vor dem (schön geschmückten) Altar sitzen. Einzig zur Lesung tritt ein/e Sprecher/in zum Altar und liest aus der Altarbibel vor. Bei einer Lesung des Psalms durch zwei Stimmen sollten die Sprecher/innen nicht zu nah beieinander sitzen, damit die unterschiedlichen Stimmen Raum greifen können, sich „den Ball zuspielen".

Nicht nur im Gottesdienst

Empfohlen sei das Lesen in diesem Büchlein über den gottesdienstlichen Gebrauch hinaus auch der persönlichen Lektüre – sozusagen „zweckfrei". Mancher Gedanke mag hilfreich sein fürs Predigen über den betreffenden Text oder für die Bibelarbeit in der Gruppe.

Wer überwiegend mit agendarischen Texten arbeitet, findet hier Anregungen zum persönlichen, individuell gefärbten, Herz und Geist gleichermaßen ansprechendem Ausdruck.

Pfarrerinnen und Pfarrern, Lektor/inn/en, Prädikant/inn/en, ehrenamtlich im Gottesdienst Mitwirkenden und Menschen, die ihre eigene Gebetspraxis und -sprache im Dialog mit der Bibel weiter entwickeln und bereichern möchten, kann diese Gebetssammlung nützlich sein.

Abkürzungen

atl	alttestamentlich
DL	Das Liederbuch – lieder zwischen himmel und erde, tvd-Verlag, Düsseldorf
+ E	Ergänzung weiterer Verse
EG	Evangelisches Gesangbuch
Ep	Epistel zum Sonntag
Ev	Evangelium zum Sonntag
HE	Hessischer Anhang zum EG
i. A.	in Auswahl
Pred V	Predigttext zum Sonntag, Reihe V *(Beispiel)*

Modell einer Abendandacht mit Lesung, Gebet und Gesang

Der Aufbau folgt im Wesentlichen dem „Gemeinsamen Gebet nach Taizé“ unter EG 789 HE

Beispiel für die Passionszeit

(Lieder und Gesänge bleiben während der Passionszeit gleich. Persönliche Begrüßung am Eingang und Verabschiedung am Ausgang sind wichtig, weil die Andacht selbst keine persönlichen Worte vorsieht.)

- **Begrüßung** der Teilnehmenden am Eingang durch die Leitenden
- **Anzünden einer persönlichen Gebetskerze** (z. B. Teelicht) und Platzierung an einem dafür bestimmten Ort (z. B. am Altar). Die Kerzen sollten nach Abschluss möglichst nicht gelöscht werden, sondern ausbrennen dürfen.
- **Stille** zum Ankommen
- **Gesang** zur Eröffnung: Bleibet hier und wachet mit mir (Taizé, EG 789 HE)
  oder: Nun ziehen wir die Straße (DL 404)
- **Psalm** (in der Regel der Wochenpsalm)
  2 Sprecher/innen im Wechsel oder Liturg/in und Gemeinde im Wechsel
- **Gesang:** Confitemini Domino (Taizé)
  oder: Ehr sei dem Vater und dem Sohn (aus EG 177.1–177.3)
- **Biblische Lesung** (Sprecher/in 1)
- **Stille** (eingeleitet und beendet mit einem Klangschalen-Ton)
- **Gesang:** Im Dunkel unsrer Nacht entzünde das Feuer (Taizé)
  oder: Christus, dein Licht verklärt unsre Schatten (Taizé)
  oder: Herr stärke mich, dein Leiden zu bedenken (EG 91 i. A.)

oder: In einer fernen Zeit gehst du nach Golgatha (Passionslieder-wettbewerb 2010, Download unter http://www.ekkw.de/kirchenmusik/Passionslieder_Abschluss/Materialien/Passionsliederheft.pdf

- **Gebet mit Gedanken zur biblischen Lesung und gesungenem Kehrvers:**
  O Christe Domine Jesu (Taizé)
  oder ein Kyrie aus EG 178.9–178.12 (Sprecher/in 2)
- **Stilles Gebet**
- **Vaterunser**
- **Gebetsabschluss** (Sprecher/in 2)
- **Segen/Segenswort** (Sprecher/in 1)
- **Gesang zum Abschluss und im Hinausgehen:** Bleib mit deiner Gnade bei uns (Taizé)
  oder: Herr, gib uns deinen Frieden (EG 436)
- **Verabschiedung** am Ausgang/im Vorraum. Gelegenheit für persönliche Gespräche

1 Frieden – höher als alle Vernunft

Gebete zu Advent, Weihnachten und Jahreswechsel

Advent

1. Sonntag im Advent
Römerbrief 13,8–12 (Ep)

Für die Friedlosen
Immer bleiben wir einander etwas schuldig:
Aufmerksamkeit, Interesse, Geduld, Zeit.
Immer bleiben wir uns selbst etwas schuldig:
Selbstachtung, Daseinsfreude, Nachsicht.
Ach Gott!

Kämest du uns nicht entgegen,
hieltest du es nicht mit uns aus,
es wäre nicht weit her mit uns:
nicht mit der Liebe zum Nächsten,
nicht mit der Liebe zu uns selbst,
nicht mit der Liebe zu dir, du Grund unseres Lebens.

> Gesang: *Dona nobis pacem cordium (Taizé)*
> oder: *Herr, gib uns deinen Frieden (EG 436)*
> oder: *Seht auf und erhebt eure Häupter (EG 21)*

Ja, Gott, gib uns Frieden ins Herz,
so werden wir deinen Tag nicht verschlafen,
so werden wir wachsam und nüchtern sein
und erkennen, worauf es ankommt
in diesem Advent und immer:
dass wir in deiner Nähe leben,
dass wir andere an uns heran lassen, ihre Freude, ihre Not,

dass wir es aushalten mit uns selbst,
in dem, was uns misslingt,
in dem, was uns glückt.

Gesang: *Dona nobis pacem cordium (Taizé)*
oder: *Herr, gib uns deinen Frieden (EG 436)*
oder: *Seht auf und erhebt eure Häupter (EG 21)*

So bitten wir dich heute
für alle Menschen, die friedlos sind,
denen Krieg das Leben zur Hölle macht,
denen Angst den freien Atem nimmt,
denen Krankheit oder Verlust die Lebenskraft lähmt.
Gib ihnen dein heilsames Wort,
deine tröstliche Nähe,
deinen lebendigen Geist.

Gesang: *Dona nobis pacem cordium (Taizé)*
oder: *Herr, gib uns deinen Frieden (EG 436)*
oder: *Seht auf und erhebt eure Häupter (EG 21)*

Stilles Gebet
Vaterunser

Abschluss (nach EG 859.2 HE)
Bewahre uns, Gott, wenn wir wachen,
behüte uns, wenn wir schlafen,
auf dass wir wachen mit Christus
und ruhen in Frieden.

2. Sonntag im Advent

Lukas 21, 25–28 (Ev i. A.)

Komm! Sei mit uns!

Wie weit es mit uns kommen muss –
ach, Gott!
Werden wir erst aufmerksam,
wenn die Erde bebt
und die Sterne ihre angestammten Plätze verlassen?
Muss das Meer die Strände verwüsten,
bevor wir wahrnehmen,
dass unser Tun umsonst ist
und wie wenig wir ausrichten
bei bestem Willen?

Zeige dich doch deinen Menschenkindern, Gott!
Wie sonst könnten wir abtun, was uns quält,
weg wischen, was uns die Sicht nimmt?
Sieh doch,
wir sehnen uns nach dir,
einem Zeichen von dir, wenigstens einem Zeichen.

Gesang: *Dona nobis pacem cordium (Taizé)*
oder: *Herr, gib uns deinen Frieden (EG 436)*
oder: *Seht auf und erhebt eure Häupter (EG 21)*

Erlösung naht.
Ein Kind kommt zur Welt.
Gottes rettendes Wort.
Alles wird gut.

Gesang: *Dona nobis pacem cordium (Taizé)*
oder: *Herr, gib uns deinen Frieden (EG 436)*
oder: *Seht auf und erhebt eure Häupter (EG 21)*

Wir bitten dich, Gott,
für alle Unerlösten dieser Erde,
verstrickt in böse Gedanken,

Opfer von Niedertracht und Gewalt,
ausgeliefert an schreckliche Ereignisse:
Menschen in Angst, Ungewissheit,
unter Terror und Krieg.
Hörst du, wie ihr Leid zum Himmel schreit?
Du wirst sie aufrichten.
Du wirst ihr Erlöser sein.
Aber wann – wann endlich?

Gesang: *Dona nobis pacem cordium (Taizé)*
oder: *Herr, gib uns deinen Frieden (EG 436)*
oder: *Seht auf und erhebt eure Häupter (EG 21)*

Wir bitten dich für alle,
die wir nicht erreichen,
bei allem Bemühen und allem guten Willen nicht,
weil wir zu wenig verstehen,
weil unsere Kraft nicht reicht,
weil uns die Worte fehlen – und noch mehr der Mut.
Du bist es doch, höher als alle Vernunft,
der alles sehen kann, ohne zu hassen,
der sich nähert – ohne Furcht,
der das Zerbrochene heilt und alle Tränen trocknet.
Wir bitten dich: Komm!
Sei mit uns.
Mit uns und allen deinen Menschenkindern auf der Erde.

Gesang: *Dona nobis pacem cordium (Taizé)*
oder: *Herr, gib uns deinen Frieden (EG 436)*
oder: *Seht auf und erhebt eure Häupter (EG 21)*

Stilles Gebet
Vaterunser

Abschluss (EG 7,4)

Wo bleibst du, Trost der ganzen Welt,
darauf sie all ihr Hoffnung stellt?
O komm, ach komm vom höchsten Saal,
komm, tröst uns hier im Jammertal.

3. Sonntag im Advent

Jesaja 40,1–11 (atl Lesung/Pred V)

Dein Frieden in unser Herz

Auch wenn Advent ist, Gott,
tragen wir doch unsere Sorgen und Lasten mit uns herum.
Auch wenn Advent ist, freuen wir uns nicht automatisch.
Auch wenn Advent ist, quälen uns Kälte und Dunkelheit,
drücken uns eigene Ohnmacht, Versagen, Schuld.
Gib uns Frieden ins Herz, deinen Frieden, wir bitten dich:

> Gesang: *Dona nobis pacem cordium (Taizé)*
> oder: *Herr, gib uns deinen Frieden (EG 436)*
> oder: *Seht auf und erhebt eure Häupter (EG 21)*

Wir bitten dich für alle Menschen,
die Trost brauchen und Freundlichkeit;
für alle, denen ihr Leben aussichtslos erscheint,
für alle, die von anderen herumgeschubst werden,
für alle, die sich aufgemacht haben
zu helfen, zu heilen und Karren aus dem Dreck zu ziehen.
Gib ihnen Frieden ins Herz, deinen Frieden, wir bitten dich:

> Gesang: *Dona nobis pacem cordium (Taizé)*
> oder: *Herr, gib uns deinen Frieden (EG 436)*
> oder: *Seht auf und erhebt eure Häupter (EG 21)*

Wir bitten dich für alle, die sich fühlen wie verdorrtes Gras,
für alle, die nicht mehr tätig und aktiv sein können,
für alle, die an ihren Versäumnissen leiden,
für alle, die Wichtiges im Leben verpasst haben.
Gib, dass sie Frieden machen –
mit sich selbst, mit ihrer Vergangenheit, mit dir, Gott, wir bitten dich:

> Gesang: *Dona nobis pacem cordium (Taizé)*
> oder: *Herr, gib uns deinen Frieden (EG 436)*
> oder: *Seht auf und erhebt eure Häupter (EG 21)*

Wir bitten dich für alle,
die in diesen Tagen streiten, beraten, entscheiden:
über Wärme und Kälte, Wasser, Luft und Wind
in diesem Land, auf dieser Erde.
Gib ihnen Weisheit und Verstand.
Lass sie erkennen, was dem Leben dient,
was Frieden und Gerechtigkeit stärkt: für alle Geschöpfe dieser Erde.
Gib deiner Erde Frieden, Gott, deinen Frieden, wir bitten dich:

Gesang: *Dona nobis pacem cordium (Taizé)*
oder: *Herr, gib uns deinen Frieden (EG 436)*
oder: *Seht auf und erhebt eure Häupter (EG 21)*

STILLES GEBET

Vaterunser

ABSCHLUSS

Dein Friede, Gott,
höher als alle Vernunft,
bewahre unsere Herzen und Sinne,
heute und allezeit.

4. Sonntag im Advent
Philipperbrief 4,4–7 (Ep)

Ein Freudenfunken von dir

Freuen wir uns?
Heute und in diesen Tagen vor dem Fest?
Ja, als wir Kinder waren!
Ja, damals!
Damals konnten wir uns freuen:
auf den Heiligen Abend,
auf die Lichter am Baum,
Geschenke, Umarmungen, Lebkuchen und Heringssalat!

> Gesang: *Dona nobis pacem cordium (Taizé)*
> oder: *Herr, gib uns deinen Frieden (EG 436)*

‚Werdet wie die Kinder'
sagt er, der da kommt.
Ja, wären wir doch wie sie: unbeschwert, erwartungsvoll!
Durch unsere Freude zieht immer auch die Sorge:
das Fest kann misslingen,
Streit bricht aus,
Erwartungen werden enttäuscht,
das schlechte Gewissen plagt dich
oder die Einsamkeit.

> Gesang: *Dona nobis pacem cordium (Taizé)*
> oder: *Herr, gib uns deinen Frieden (EG 436)*

Wir bitten dich in diesen Tagen vor dem Fest
um deinen Frieden, Herr Jesus Christus,
den, der höher ist und tiefer reicht als unser Denken und Tun.
Wir bitten dich um Zufriedenheit
mit dem, was wir haben, und dem, wie wir sind.
Wir bitten dich um ein dankbares Herz:
wie viel Gutes genießen wir täglich,
wie viel Zuneigung wurde uns schon geschenkt,
wie viel können wir teilen und genießen!

Gesang: *Dona nobis pacem cordium (Taizé)*
oder: *Herr, gib uns deinen Frieden (EG 436)*

Ja, dafür danken wir dir, Gott,
du schenkst uns deinen Sohn,
den Freudenbringer, Friedenstifter, Liebhaber des Lebens.
Du schenkst uns dich selbst.

Was willst du mehr, mein unruhiges Herz,
worum sorgst du dich noch?

Gesang: *Dona nobis pacem cordium (Taizé)*
oder: *Herr, gib uns deinen Frieden (EG 436)*

Öffne unsere Augen, wir bitten dich,
unsere Ohren,
unsere Herzen und Hände!
Öffne uns
für dich und für die Menschen,
in denen du uns begegnest:
Kinder und Alte und die auf der Straße,
Fröhliche, Traurige,
Kranke und die sich um Kranke kümmern.
Für alle, die in diesen Tagen mehr arbeiten als sonst:
in den Geschäften, auf den Märkten, bei der Post,
in deinen Kirchen, Gott,
ach, und in den Gefängnissen,
ja, in den Gefängnissen vor allem
ein Freudenfunken von dir!

Gesang: *Dona nobis pacem cordium (Taizé)*
oder: *Herr, gib uns deinen Frieden (EG 436)*

Freude deinetwegen, Jesus,
du selbst wirst sie in uns entzünden,
in uns und in denen, die dich nicht kennen,
Du kannst es.
Tu es, wir bitten dich,
und danken es dir, heute und immer.

Gesang: *Dona nobis pacem cordium (Taizé)*
oder: *Freuet euch im Herrn (EG 789,3)*

Stilles Gebet
Vaterunser

Abschluss (EG 10,4)
Ach, mache du mich Armen zu dieser heil'gen Zeit
aus Güte und Erbarmen, Herr Jesu, selbst bereit.
Zieh in mein Herz hinein
vom Stall und von der Krippen,
so werden Herz und Lippen
dir allzeit dankbar sein.

Christfest/Weihnachten

Weihnachten

Johannes 1,1–5 (2. Weihnachtstag Ev)

Sehnsucht nach Licht

Dein Licht ergreifen –
wie könnten wir das?
Du bist es doch, der uns ergreift,
unsere Finsternis erleuchtet, uns selbst lebendig macht.
Du bist es doch, Bruder Jesus!
Sprich nur ein Wort, so wird meine Seele gesund.
Du selbst bist das Wort: lebendig und kräftig und scharf,
das unüberbietbare Wort,
das unüberhörbare Wort,
das starke Wort.
Das Wort vom Anfang
und das letzte Wort,
A und O.

Gesang: *Oculi nostri (Taizé, EG 789.5 HE)*
oder: *Sende dein Licht (EG 172)*
oder: *Gottes Wort ist wie Licht in der Nacht (EG 572 HE)*

Wir haben dich gefeiert, deinen Tag.
Weihnachten.
Das wunderbare Fest,
aber auch:
das Fest, das uns Schwierigkeiten macht.
Trotzdem wollen wir nicht sein ohne dich,
Himmelskind,
nicht ohne dein Fest.

Gesang: *Oculi nostri (Taizé, EG 789.5 HE)*
oder: *Sende dein Licht (EG 172)*
oder: *Gottes Wort ist wie Licht in der Nacht (EG 572 HE)*

Ach Jesus!
Wie viele Worte wurden wieder um dich gemacht.
Bist du uns darin begegnet, du selbst?

Vielleicht doch.
Vielleicht stärker als wir selber wissen.
Manchmal haben wir etwas von dir vernommen, gespürt.
Und manchmal nicht.

> Gesang: *Oculi nostri (Taizé, EG 789.5 HE)*
> oder: *Sende dein Licht (EG 172)*
> oder: *Gottes Wort ist wie Licht in der Nacht (EG 572 HE)*

Wir bitten dich für alle,
deren Geist und Sinn umnachtet ist;
für alle, die im Dunkeln wohnen, manchmal wissen sie es nicht einmal;
für alle, die sich nach Licht sehnen, unaufhörlich, unermüdlich suchen;
für alle, die dein Licht zum Leuchten bringen:
zuversichtlich, voller Freude;
für alle Menschen, die Licht für andere sind.

> Gesang: *Oculi nostri (Taizé, EG 789.5 HE)*
> oder: *Sende dein Licht (EG 172)*
> oder: *Gottes Wort ist wie Licht in der Nacht (EG 572 HE)*

Wir bitten dich für alle
die kein schönes Fest feiern konnten,
weil ihnen das Lebensnotwendige fehlt,
weil sie sich gestritten haben,
weil Sorge an ihrer Lebenskraft zehrt,
weil sie auf der Flucht sind und nicht wissen, wohin.

Sende ihnen doch einen Menschen, Gott.
Jedem wenigstens einen!
Und wenn du uns für deine Absichten brauchst,
dann gib, dass wir es merken,
rechtzeitig merken!
Menschen guten Willens wollen wir sein

und sind doch manchmal blind und taub
für dich, für dein Licht, für dein Wort,
für deine Geschöpfe.
Erbarme dich, Jesus, erbarme dich
und hilf unserer Schwachheit auf.

Gesang: *Oculi nostri (Taizé, EG 789.5 HE)*
oder: *Sende dein Licht (EG 172)*
oder: *Gottes Wort ist wie Licht in der Nacht (EG 572 HE)*

Stilles Gebet
Vaterunser

Abschluss (EG 40,5)
Drum, Jesu, schöne Weihnachtssonne,
bestrahle mich mit deiner Gunst;
dein Licht sei meine Weihnachtswonne
und lehre mich die Weihnachtskunst,
wie ich im Lichte wandeln soll
und sei des Weihnachtsglanzes voll.

Jahreswechsel

Altjahrsabend/Silvester
Prediger 3,1–11

Du – manchmal die einzige Hoffnung
Alles hat seine Zeit, Gott.
Du selbst hast das Leben so eingerichtet.

An den Grenzen unseres Daseins stoßen wir uns.
Aber ohne sie wäre alles ganz uferlos.
Alles hat seine Zeit – aber wir ergründen deine Werke nicht.

Wir bitten dich an diesem Abend
für alle, die an den Grenzen des Lebens leiden:
für Sterbende,
für Trauernde,
für Ratlose,
für Gebrechliche,
für Einsame.
Das Vertrauen auf dich ist manchmal die einzige Hoffnung.

> Gesang. *Dona nobis pacem cordium (Taizé)*
> oder: *Bonum est confidere (Taizé)*
> oder: *Herr, gib uns deinen Frieden (EG 436)*

Wir bitten dich
für alle, die in den Grenzen des Lebens dem Leben dienen wollen:
für Ärztinnen und Altenpfleger,
für Lehrerinnen und Hebammen
für Erzieher und Bewährungshelfer,
für Tierschützer und Politikerinnen.
Alle kommen sie schmerzlich an ihre Grenzen.
Nicht wenige von ihnen verzweifeln daran.
Das Vertrauen auf dich ist manchmal die einzige Hoffnung.

Gesang. *Dona nobis pacem cordium (Taizé)*
oder: *Bonum est confidere (Taizé)*
oder: *Herr, gib uns deinen Frieden (EG 436)*

Wir bitten dich
für alle, die die Grenzen des Lebens missachten
und eigensinnige Pläne verfolgen:
für leichtsinnige Geschäftsleute
für Kriegstreiber,
für Betrügerinnen und Lügner,
für Forscher und Wissenschaftlerinnen, die mit dem Leben spielen,
für Menschen, die am Unglück anderer verdienen.
Machtlos stehen wir oft vor dem Schrecklichen und Grausamen,
das geschieht.
Das Vertrauen auf dich ist manchmal die einzige Hoffnung.

Gesang. *Dona nobis pacem cordium (Taizé)*
oder: *Bonum est confidere (Taizé)*
oder: *Herr, gib uns deinen Frieden (EG 436)*

STILLES GEBET
Vaterunser

ABSCHLUSS
Auf dich vertrauen wir.
Auf dich hoffen wir.
Du hast alles schön gemacht zu seiner Zeit
und hast die Ewigkeit in unser Herz gelegt.
Du bringst alles ans Ziel.

Neujahrstag
Lukas 4,16–22 (Ev + E)

Ein Gnadenjahr, bitte!
Josephs Sohn, Jesus,
ein Mensch wie andere,
ein Mensch wie wir.
Aber auch: anders als andere,
Josephs Sohn – Gottes Sohn.
Licht der Blinden,
Hoffnung der Armen,
Heiland der Zerschlagenen.
Wer dir begegnet,
erfährt Gottes Güte und erhebt sein Haupt.

Gesang: *Dona nobis pacem cordium (Taizé)*
oder: *Herr, gib uns deinen Frieden (EG 436)*

So bitten wir dich heute (abend):
Lass dieses Jahr ein Jahr der Gnade sein,
dass Arme nicht gedemütigt werden in unserem Land,
dass Reiche sich ihrer Verantwortung bewusst sind,
dass nicht getreten wird, wer schon am Boden liegt,
und der Verzweifelte Gehör findet:
auf den Ämtern,
an der Haustür,
in der Familie,
und beim Arzt.

Gesang: *Dona nobis pacem cordium (Taizé)*
oder: *Herr, gib uns deinen Frieden (EG 436)*

Gib uns ein Gnadenjahr, Jesus,
gib, dass wir selbst gnädig und barmherzig sind:
keine Rechthaber,
keine Pfennigfuchser,
keine Prinzipienreiter und Moralapostel.

Gesang: *Dona nobis pacem cordium (Taizé)*
oder: *Herr, gib uns deinen Frieden (EG 436)*

Gib uns von deiner Großherzigkeit,
von deiner Klarheit,
von deiner Entschiedenheit,
und deinem liebevollen Blick.
Lass uns Menschen sein nach deinem Bild.

Gesang: *Dona nobis pacem cordium (Taizé)*
oder: *Herr, gib uns deinen Frieden (EG 436)*

STILLES GEBET
Vaterunser

ABSCHLUSS (EG 64,6)
Der du allein der Ewge heißt
und Anfang, Ziel und Mitte weißt
im Fluge unsrer Zeiten:
Bleib du uns gnädig zugewandt
und führe uns an deiner Hand,
damit wir sicher schreiten.

2 Anders als wir denken

Gebete zu Epiphanias und in der Epiphaniaszeit

Epiphanias

Matthäus 2,1–12 (Ev) und 16–18 (+E)

Geh über uns auf!
Einem Stern hinterher!
Einer fixen Idee?
Einem Gedanken, der nicht aus dem Kopf geht.
Einer Sehnsucht!
Ach, Jesus!
So viel Sehnsucht:
nach einem Lichtblick,
einem Zeichen des Friedens,
nach einem, der weiß, wo es lang geht.
Nach einem, der das Leben kennt,
und die Liebe
und das Elend der Armen
und das Elend der Reichen.
Einem wie dich,
Jesuskind, Gotteskind,
Christus, du Morgenstern:
Geh über uns auf!

> Gesang: *Ubi caritas et amor (Taizé)*
> oder: *Gottes Wort ist wie Licht in der Nacht (EG 572)*
> oder: *Sende dein Licht (EG 172)*

Wir bitten dich:
Für alle, die auf der Suche sind
und
für alle, die meinen, ihr Ziel erreicht zu haben.

Für alle, die unterwegs sind auf den Straßen des Lebens
und
für alle, die sich auf keine neuen Wege trauen.
Für alle, die Macht ausüben,
für alle, die Angst haben, ihre Macht zu verlieren
und
für alle, die ihre Macht missbrauchen.
Christus, du Morgenstern,
geh über ihnen auf!

Gesang: *Ubi caritas et amor (Taizé)*
oder: *Gottes Wort ist wie Licht in der Nacht (EG 572)*
oder: *Sende dein Licht (EG 172)*

Für alle, die Befehlen gehorchen, bitten wir dich.
Für alle, die nicht wissen, was sie tun.
Für alle, die genau wissen, was sie dennoch tun.
Für alle, die guten Willens sind
und sich trotzdem verstricken in Lüge und Gewalt.
Christus, du Morgenstern
geh über ihnen auf!

Gesang: *Ubi caritas et amor (Taizé)*
oder: *Gottes Wort ist wie Licht in der Nacht (EG 572)*
oder: *Sende dein Licht (EG 172)*

Für alle, die Wunderbares erleben,
für alle, die ihre Schätze auftun und verschenken,
für alle, die sich selbst verschenken
und andere glücklich machen.
Für alle, die der Stimme ihres Herzens folgen,
denen kein Weg zu lang,
keine Klippe zu steil,
kein Wagnis zu groß ist.
Christus, du Morgenstern,
geh über ihnen auf!

Gesang: *Ubi caritas et amor (Taizé)*
oder: *Gottes Wort ist wie Licht in der Nacht (EG 572)*
oder: *Sende dein Licht (EG 172)*

Stille

Vaterunser

Abschluss (EG 7,5)

O klare Sonn, du schöner Stern,
dich wollten wir anschauen gern;
o Sonn geh auf, ohn deinen Schein
in Finsternis wir alle sein.

1. Sonntag nach Epiphanias

1. Korintherbrief 1,26–31 (Pred IV)

Alles anders herum

Sollte es wirklich so sein, Gott,
dass du so anders denkst als wir?
Schwach und stark,
dumm und weise,
verächtlich und bedeutsam –
alles anders herum, als wir es betrachten?
Alles anders herum als der normale Menschenverstand es sieht?
Nicht zu fassen!
Du weißt schon, dass uns das nicht so leicht gelingt:
Deine Sicht anstelle unserer Sicht?
Wie oft wissen wir nicht, was gilt,
und woran wir uns halten sollen.

Gesang: *Ubi caritas et amor (Taizé)*
oder: *Gottes Wort ist wie Licht in der Nacht (EG 572)*
oder: *Sende dein Licht (EG 172)*

Wir bitten dich, Gott,
für die Starken, die Klugen, Erfolgreichen,
für alle, die meinen, besser als andere zu sein,
für alle, die sich ihrer selbst sehr sicher sind,
für alle, die sich nur auf sich selbst verlassen.
Für sie alle rufen wir:

Gesang: *Ubi caritas et amor (Taizé)*
oder: *Gottes Wort ist wie Licht in der Nacht (EG 572)*
oder: *Sende dein Licht (EG 172)*

Wir bitten dich, Gott, für die Schwachen,
für alle, die sich selbst nichts zutrauen,
für alle, die mit ihren Niederlagen kämpfen,
für alle, die es im Leben schwer haben.
Für sie alle rufen wir:

Gesang: *Ubi caritas et amor (Taizé)*
oder: *Gottes Wort ist wie Licht in der Nacht (EG 572)*
oder: *Sende dein Licht (EG 172)*

Wir bitten dich, Gott, für uns selbst:
wenn wir uns unsicher fühlen und kraftlos,
wenn wir uns stark fühlen und voller Tatendrang:
Lass uns nicht vergessen,
dass du es bist, der alles wirkt,
das Wollen und das Vollbringen,
dass du es bist, der uns will und uns braucht,
wie immer wir uns selber sehen.
Für uns alle rufen wir:

Gesang: *Ubi caritas et amor (Taizé)*
oder: *Gottes Wort ist wie Licht in der Nacht (EG 572)*
oder: *Sende dein Licht (EG 172)*

Stilles Gebet
Vaterunser

Abschluss (EG 347,3)
Ach bleib mit deinem Glanze
bei uns, du wertes Licht;
dein Wahrheit uns umschanze,
damit wir irren nicht.

2. Sonntag nach Epiphanias

Exodus 33,17b–23 (atl Lesung/Pr III)

Du – ein Geheimnis

Rätselhafter, unsichtbarer Gott!
Gern hätten wir dich deutlicher,
klarer, herrlicher, direkt,
von Angesicht zu Angesicht:
um deiner Feinde willen,
um deiner Freunde willen,
um unsrer selbst willen.

> Gesang: *Ubi caritas et amor (Taizé)*
> oder: *Gottes Wort ist wie Licht in der Nacht (EG 572)*
> oder: *Sende dein Licht (EG 172)*

Immer blicken wir dir hinterher.
Im Nachhinein ahnen wir deine Spuren in unserem Leben.
Schleierhaft bist du uns!
Geheimnisvoll.
Eben noch da – und schon nicht mehr
Ein Hauch, ein Wind, ein Augenblick.
Unsichtbarer, rätselhafter Gott!

> Gesang: *Ubi caritas et amor (Taizé)*
> oder: *Gottes Wort ist wie Licht in der Nacht (EG 572)*
> oder: *Sende dein Licht (EG 172)*

Du hast uns getragen.
Du hast uns gehalten.
Du hast uns glücklich gemacht.
Du hast uns zurechtgebracht.
Du hast Weichen gestellt – andere als wir wollten.
Du hast Pläne scheitern lassen.
Du hast Schmerz zugefügt.
Du hast Leid zugelassen.
Grauenhaftes hast du nicht verhindert!

Ach Gott,
deine Spuren in unserem Leben:
leichte, kaum wahrnehmbare,
deutliche,
undeutliche,
wundervolle,
schmerzliche!
Froh können wir sein,
dass du da bist,
überhaupt da bist,
und wir nicht einfach im Nebel stehen,
ohne Aussicht
und allein.

Gesang: *Ubi caritas et amor (Taizé)*
oder: *Gottes Wort ist wie Licht in der Nacht (EG 572)*
oder: *Sende dein Licht (EG 172)*

Wir bitten dich für alle,
die nicht an dich glauben,
für alle, die nichts von dir wissen,
für alle, denen du egal bist,
für alle, die auf dich schlecht zu sprechen sind,
von dir enttäuscht.
Für sie alle rufen wir:

Alle: *Herr, erbarme dich!*

Für alle, die meinen, sie kennten dich.
Für alle, die meinen, sie hätten dich.
Für alle, die dich im Munde führen,
als wären sie auf der sicheren Seite.
Für sie alle rufen wir:

Alle: *Herr, erbarme dich!*

Erbarme dich, Gott,
und hab doch Geduld mit deinen Geschöpfen,
mit uns Menschen vor allem.
Eigensinnig sind wir,
auch in unseren Gedanken über dich –
dabei wissen wir nichts!
Du, unser Gott,
richte uns aus, hin zu dir
in unserem Denken, Fühlen und Tun.
Stelle uns Christus vor Augen
heute
immer
dein leuchtendes Beispiel,
nach ihm strecken wir uns aus.

Alle: *Herr, erbarme dich!*

STILLES GEBET
Vaterunser

ABSCHLUSS
Dir, unserem Gott,
legen wir uns ans Herz
uns
und alles.

3. Sonntag nach Epiphanias
Matthäus 8,5–11+13 (Ev i. A.)

Gutes und Barmherzigkeit – das bist du.
Jesus – wir staunen über dich.
Zu dir kann kommen, wer will – egal woher.
Wer dich anspricht, findet Gehör
und mehr noch:
Heil für Seele und Leib.
Wie groß ist dein Herz!

Gesang: *Ubi caritas et amor (Taizé)*
oder: *Gottes Wort ist wie Licht in der Nacht (EG 572)*
oder: *Sende dein Licht (EG 172)*

Wir bitten dich für alle,
die Rat und Hilfe brauchen,
und nicht wissen, woher und wohin;
für alle, die suchen und fragen
und keine Antwort finden;
für alle, die keine Hilfe wollen,
für alle, die sich scheuen,
anzunehmen, was ihnen zusteht.

Gesang: *Ubi caritas et amor (Taizé)*
oder: *Gottes Wort ist wie Licht in der Nacht (EG 572)*
oder: *Sende dein Licht (EG 172)*

Wir bitten dich für alle, die sich sehnen:
nach einem Platz zum Leben,
nach Gastfreundschaft,
nach Frieden,
nach Gerechtigkeit,
auch in unserem Land.
Gutes und Barmherzigkeit –
das bist du, Jesus, unser Bruder
Ach, dass wir dir doch auf die Spur kämen!
Ach, dass wir doch allen Kleingeist aus uns selbst vertreiben könnten!

Gesang: *Ubi caritas et amor (Taizé)*
oder: *Gottes Wort ist wie Licht in der Nacht (EG 572)*
oder: *Sende dein Licht (EG 172)*

Stilles Gebet
Vaterunser

Abschluss
Wo Güte und Liebe wohnen,
da bist du, Gott.
Dir vertrauen wir uns an,
uns und alle deine Geschöpfe.

4. Sonntag nach Epiphanias

Matthäus 14,22–33 (Pred III)

Unermüdlich

Ach Jesus!
Mit was für Leuten hast du es zu tun!
Erst bedrängen sie dich. *(s. Vers 13)*
Dann erkennen sie dich nicht.
Dann will einer sein wie du.
Dann steht ihm gleich das Wasser bis zum Hals.
Alles kleingläubige, schwache Menschen – damals.
Heute genau so.
Um Hilfe schreien –
manchmal schaffen wir nicht einmal das!
Aber du machst dir nichts draus.
Du streckst uns unermüdlich deine Hand entgegen.
Wie können wir daran nur zweifeln?

> Gesang: *Ubi caritas et amor (Taizé)*
> oder: *Kyrie eleison/Herr, erbarme dich (aus EG 178.9–12)*
> oder: *Sende dein Licht (EG 172)*

So bitten wir dich heute
für alle Menschen,
deren Lebensschiff in Not gerät,
die sich allein gelassen und überfordert fühlen
in den Zumutungen und Herausforderungen ihres Lebens:
Wir bitten für Kranke, Verunglückte, Trauernde, Verlassene:

> Gesang: *Ubi caritas et amor (Taizé)*
> oder: *Kyrie eleison/Herr, erbarme dich (aus EG 178. 9–12)*
> oder: *Sende dein Licht (EG 172)*

Wir bitten dich für alle Menschen,
die sich stark und mutig fühlen,
selbstsicher und voller Tatendrang,
die kein Risiko scheuen und die Nase vorn haben.
Wir bitten dich für Sportler, Forscher, Rettungskräfte,

für Missionare, Politiker, Chefs in Großbetrieben.
Für alle,
die Freude haben am Experiment,
an neuen Wegen,
an ungewöhnlichen Einfällen.
Auch für die Leichtsinnigen und Bedenkenlosen bitten wir dich:

Gesang: *Ubi caritas et amor (Taizé)*
oder: *Kyrie eleison/Herr, erbarme dich (aus EG 178. 9–12)*
oder: *Sende dein Licht (EG 172)*

Wir bitten dich für uns:
Manchmal sind wir zuversichtlich.
Manchmal sind wir kleinmütig.
Manchmal können wir andere stärken.
Manchmal sind wir unfähig und hilflos.
Manchmal haben wir unser Leben im Griff.
Manchmal wird uns alles aus der Hand geschlagen.
So ist es eben.
Oft hätten wir es gern anders.
Oft wären wir selbst gern anders.
Du reichst uns immer deine Hand und bringst uns zurecht.
Ohne dich, was wären wir ohne dich …?
Wir danken dir, ja, wir danken dir!

Gesang: *Ubi caritas et amor (Taizé)*
oder: *Sende dein Licht (EG 172)*
oder: *Gesang entfällt*

Stilles Gebet
Vaterunser

Abschluss (EG 322,5)
Er gebe uns ein fröhlich Herz,
erfrische Geist und Sinn
und werf all Angst, Furcht, Sorg und Schmerz
ins Meeres Tiefe hin.

5. Sonntag nach Epiphanias

Matthäus 13,24–30 (Ev)

Unbestechlich und liebevoll

Kraut und Unkraut –
wer wollte das unterscheiden?
Was gut und was böse ist –
wer weiß das schon so genau?
Schwarz und weiß – und all das Grau dazwischen,
mein Gott!

Gesang: *Ubi caritas et amor (Taizé)*
oder: *Kyrie eleison/Herr, erbarme dich (aus EG 178. 9–12)*
oder: *Sende dein Licht (EG 172)*

Du, Gott: langmütig und freundlich bist du.
Du erträgst das Unkraut neben dem Weizen.
Ist nicht auch das Unkraut dein Geschöpf?
Muss alles zu etwas „gut" sein?
Am Ende erst wird Klarheit herrschen.
Am Ende erst wird auseinander sortiert.
Bis dahin ist Zeit.
Zeit zum Arbeiten.
Zeit zum Beten.
Zeit zur Umkehr.
Zeit zum Sein und Zeit zum Werden.

Gesang: *Ubi caritas et amor (Taizé)*
oder: *Kyrie eleison/Herr, erbarme dich (aus EG 178. 9–12)*
oder: *Sende dein Licht (EG 172)*

Wir bitten dich: Gott, Jesus, Geist,
für die Unansehnlichen, Unbeholfenen, Unerwünschten, Untauglichen
für die Unnützen, Unsicheren, Unbedeutenden, Untüchtigen.
Du siehst sie alle.
Du siehst, was mit ihnen los ist.
Du siehst, was sie brauchen.
Du siehst, was sie können.

Du siehst ihr Unglück.
Du richtest sie auf.

> Gesang: *Ubi caritas et amor (Taizé)*
> oder: *Kyrie eleison/Herr, erbarme dich (aus EG 178. 9–12)*
> oder: *Sende dein Licht (EG 172)*

Wir bitten dich
für die Unausstehlichen, die Unberechenbaren, die Unbotmäßigen,
für die Unbequemen, die Unruhigen, die Untragbaren,
die Unwürdigen.
Du siehst sie alle.
Du siehst, was mit ihnen los ist.
Du siehst was sie brauchen.
Du siehst, was sie können.
Du siehst ihr Unglück.
Du richtest sie auf.

> Gesang: *Ubi caritas et amor (Taizé)*
> oder: *Kyrie eleison/Herr, erbarme dich (aus EG 178. 9–12)*
> oder: *Sende dein Licht (EG 172)*

Alle unsere Un-Wörter: Sie interessieren dich nicht!
Gib uns doch von deinem liebevollen,
deinem unbestechlichen Blick
und befreie unser Urteil
von Scheuklappen, Dünkel und Besserwisserei.

> Gesang: *Ubi caritas et amor (Taizé)*
> oder: *Kyrie eleison/Herr, erbarme dich (aus EG 178. 9–12)*
> oder: *Sende dein Licht (EG 172)*

STILLES GEBET
Vaterunser

Abschluss (EG 389,3+4)

Lass deines guten Geistes Licht
und dein hell glänzend Angesicht
erleuchten mein Herz und Gemüt,
o Brunnen unerschöpfter Güt,
und mache dann mein Herz zugleich
an Himmelsgut und Segen reich,
gib Weisheit, Stärke, Rat, Verstand
aus deiner milden Gnadenhand.

Letzter Sonntag nach Epiphanias
Matthäus 17,1–9 (Ev)

Geschenke des Himmels
Herr Jesus Christus
dein Glanz und deine Herrlichkeit
gehen uns nur in besonderen Stunden auf.
Augenblicke sind es.
Wir können sie nicht halten.
Sternstunden – Geschenke des Himmels.
Dank sei Gott!

> Gesang: *Ubi caritas et amor (Taizé)*
> oder: *Sende dein Licht und deine Wahrheit (EG 172)*

Dein Wort ist unseres Fußes Leuchte,
Licht auf unseren Wegen, Tag für Tag.
Dein Wort macht, dass wir hören,
auch das Nichtgesagte hören.
Dein Wort macht, dass wir sehen,
auch hinter die Dinge sehen.
Dein Wort lässt uns reden – und schweigen
im rechten Augenblick.
Dank sei Gott.

> Gesang: *Ubi caritas et amor (Taizé)*
> oder: *Sende dein Licht und deine Wahrheit (EG 172)*

Wir bitten dich an diesem Abend
für alle Menschen, die sich sehnen und auf der Suche sind
nach Lebenssinn,
nach Liebe und Glück,
nach dir.
Gib ihnen einen hellen Schein ins Herz,
zeige dich ihnen, sprich sie an.
Lass ihnen ein Licht aufgehen,
dass: wer da hingibt, der empfängt,
und: wer sich selbst vergisst, der findet.

Gesang: *Ubi caritas et amor (Taizé)*
oder: *Sende dein Licht und deine Wahrheit (EG 172)*

Wir bitten dich auch
für alle Menschen in äußerer Not, Bedrängnis, Aussichtlosigkeit:
(für die Opfer des Erdbebens in Haiti)
und für alle, die sich zum Helfen aufgemacht haben.
Für alle, deren Alltag Krieg bedeutet:
(in Afghanistan, in den Ländern Afrikas,)
und für alle, die nach friedlichen Lösungen suchen;
für alle, die vom Minimum leben in unserem reichen Land
und für alle, denen dieser Zustand keine Ruhe lässt.

Gesang: *Ubi caritas et amor (Taizé)*
oder: *Sende dein Licht und deine Wahrheit (EG 172)*

Stilles Gebet
Vaterunser

Abschluss (EG 482,5)
Gott, lass dein Heil uns schauen,
auf nichts Vergänglichs trauen,
nicht Eitelkeit uns freun;
lass uns einfältig werden
und vor dir hier auf Erden
wie Kinder fromm und fröhlich sein.

3 Im Spiel des Lebens

Gebete in der Vorpassionszeit

3. Sonntag vor der Passionszeit/Septuagesimä

Matthäus 20,1–15 (Ev i. A.)

Dein Reich komme

Lasst uns beten und von Herzen bitten
für alle Menschen, denen es am Nötigsten fehlt:
Menschen ohne Arbeit und Brot,
Menschen ohne Heimat und Haus,
Menschen ohne Liebe und Anerkennung.
Dir, Gott, vertrauen wir sie an,
du bist gütig und gerecht.

> Gesang: *Ubi caritas et amor (Taizé)*
> oder: *Schalom, Schalom, wo die Liebe wohnt, da wohnt auch Gott (EG 627 KV HE)*

Lasst uns beten und von Herzen bitten
für alle Menschen, die in Streit und Zerrissenheit leben,
die unzufrieden sind mit sich und ihrem Dasein,
die immer zuerst das Schlechte sehen,
und sich an nichts richtig freuen können.
Dir, Gott, vertrauen wir sie an,
du bist liebevoll und großherzig.

> Gesang: *Ubi caritas et amor (Taizé)*
> oder: *Schalom, Schalom (EG 627 KV HE)*

Lasst uns beten und von Herzen bitten
für unsere Nachkommen: Kinder, Enkel, Schülerinnen, Konfirmanden,
dass sie bewahrt bleiben vor Verführung und Gier,

dass sie Vorbilder finden, denen nachzueifern sich lohnt,
dass sich in ihnen die Sehnsucht entzündet
auch nach dir, Gott, und nach deinem Reich.
Dir vertrauen wir sie an,
du bist die Fülle des Lebens und vergisst kein Menschenkind jemals.

Gesang: *Ubi caritas et amor (Taizé)*
oder: *Schalom, Schalom (EG 627 KV HE)*

Stille

Vaterunser

Abschluss

Gott, gib uns Dankbarkeit ins Herz
für unser tägliches Brot,
für durchstandenen Schmerz,
für Arbeit und Muße,
für Frieden in unserem Land,
für die Schönheit deiner Welt,
für die Menschen neben uns:
unsere Eltern, unsere Liebsten, unsere Freunde,
und alle die sich täglich mit uns mühen
das Rechte zu tun.
Dir, Gott, sei Lob und Ehre heute und allezeit.

2. Sonntag vor der Passionszeit/Sexagesimä
Lukas 8,4–8 (Ev)

Du – im Spiel unseres Lebens
Immer hast du deine Hände im Spiel unseres Lebens, Gott,
streust aus wie der Sämann den Samen:
gute Worte,
heilsame Begegnungen,
Freude,
Schmerz,
Gelingen,
Versagen,
Glück
und Verlust.
In allem, was uns begegnet, hast du deine Hände im Spiel,
wir wissen nicht wie.

Gesang: *Ubi caritas et amor (Taizé)*
oder: *Schalom, Schalom (EG 627 KV HE)*

Alles, was du ins Leben deiner Geschöpfe gibst, Gott,
mag wachsen, blühen, reifen,
mag welken, verderben, ersticken –
wir wissen oft nicht, woher und warum.
Wir enträtseln dich nicht.
Das macht es so schwierig mit dir,
so zweifelhaft,
so geheimnisvoll.

Gesang: *Ubi caritas et amor (Taizé)*
oder: *Schalom, Schalom (EG 627 KV HE)*

So bitten wir dich heute
um Ohren für die Zwischentöne,
um Augen für die Wahrheit hinter den Dingen,
um Sinne für verborgenen Sinn.

Wir bitten dich für alle,
denen Hören und Sehen vergangen ist,
durch Unglück, Niederlagen, Grausamkeit;
für alle, die taub sind für den Schrei nach Gerechtigkeit und Erbarmen,
für alle Menschen mit verstocktem Herzen und kaltem Verstand.

Gesang: *Ubi caritas et amor (Taizé)*
oder: *Schalom, Schalom (EG 627 KV)*

STILLE
Vaterunser

ABSCHLUSS (EG 166,4)
Mache mich zum guten Lande,
wenn dein Samkorn auf mich fällt.
Gib mir Licht in dem Verstande
und, was mir wird vorgestellt,
präge du im Herzen ein,
lass es mir zur Frucht gedeihn.

Sonntag vor der Passionszeit/Estomihi
Lukas 10,38–42 (Pred III)

Nicht vom Brot allein
Manchmal sind deine Worte, Jesus,
eine Anfechtung für mich.
Ich gehöre zu denen, die gern Gastgeber sind.
Ich „reiße mir ein Bein aus“, marta-mäßig,
um es meinen Gästen schön zu machen.
Wenn ich mir vorstelle, du, Jesus, wärst zum Essen bei uns …!

Gesang: *Ubi caritas et amor (Taizé)*
oder: *Schalom, Schalom (EG 627 KV HE)*
oder: *Du bist da, wo Menschen leben (EG 623,1 HE)*

Dass du das alles nicht zu schätzen weißt, glaube ich nicht.
Wie oft müsst ihr hungrig gewesen sein,
du und deine Zwölf!
Sogar „Fresser“ und „Säufer“ wurdest du genannt!
Brot und Wein hast du zu Zeichen deiner Gegenwart gemacht!
Du wusstest, was „Leib und Seele zusammenhält“!

Gesang: *Ubi caritas et amor (Taizé)*
oder: *Schalom, Schalom (EG 627 KV HE)*
oder: *Du bist da, wo Menschen leben (EG 623,1 HE)*

Aber du hast auch gewusst,
dass Leben mehr ist als Nahrung
und dass der Mensch nicht vom Brot alleine lebt.

Du siehst den Hunger nach mehr,
den Hunger von Seele und Geist,
auch bei denen, die man leicht unterschätzt,
den Hunger der Kleinen, der Mittellosen, der Schüchternen.

Gesang: *Ubi caritas et amor (Taizé)*
oder: *Schalom, Schalom (EG 627 KV HE)*
oder: *Du bist da, wo Menschen leben (EG 623,1 HE)*

So bitten wir dich heute, wohlgenährt wie wir sind, :
Nähre in uns den Hunger nach deinem Wort,
den Hunger nach deinem Geist,
den Hunger nach Frieden und Gerechtigkeit.

Wir bitten dich für alle,
die gute Geschichten lieben,
Bücher lesen, Bücher schreiben;
für alle, die kluge Gedanken denken,
für alle, denen das Wort zu Gebote steht;
für Vorleserinnen der Kinder,
für Vorleserinnen am Krankenbett,
für Märchenerzähler, Schriftstellerinnen und Dichter,
für Journalisten, Redakteurinnen, Moderatoren,
für Nachrichtensprecher und Verlegerinnen.

Gesang: *Ubi caritas et amor (Taizé)*
oder: *Schalom, Schalom (EG 627 KV HE)*
oder: *Du bist da, wo Menschen leben (EG 623,1 HE)*

Wir bitten dich für alle,
denen es um *dein* Wort geht:
für Predigerinnen und Missionare,
für Bibelforscher und Hochschullehrer,
für Mitarbeiterinnen im Kindergottesdienst
für Lektoren und Prädikanten und Religionslehrerinnen
für alle, die über deinem Buch sinnen, Tag und Nacht,
und für die es nichts Schöneres gibt.

Gesang: *Ubi caritas et amor (Taizé)*
oder: *Schalom, Schalom (EG 627 KV HE)*
oder: *Du bist da, wo Menschen leben (EG 623,1 HE)*

Und wir bitten dich auch:
für alle, die anderen das Essen bereiten,
die Küche aufräumen, den Tisch decken;
für alle, die anderen den Schmutz weg räumen,
putzen, einkaufen,Wäsche machen,
und denen man selten dankt.

Gesang: *Ubi caritas et amor (Taizé)*
oder: *Schalom, Schalom (EG 627 KV HE)*
oder: *Du bist da, wo Menschen leben (EG 623,1 HE)*

Stilles Gebet
Vaterunser

Abschluss (Psalm 36,8–10)
Wie köstlich ist deine Güte, Gott,
dass Menschenkinder unter dem Schatten deiner Flügel Zuflucht haben.
Sie werden satt von den reichen Gütern deines Hauses
und du tränkst sie mit Wonne wie mit einem Strom.
Denn bei dir ist die Quelle des Lebens
und in deinem Lichte sehen wir das Licht.

4 Dass Gott erbarm!

Gebete in der Passionszeit

Aschermittwoch

Matthäus 6,16–18 (Ev i. A.)

Das wäre es doch!
Manche von uns fasten jetzt wieder:
Rotwein, Schokolade, Tabak, Fernsehen –
weg damit!
Wenigstens für diese „Sieben Wochen ohne“.

Manche von uns fasten jetzt nicht,
ausdrücklich nicht:
viel zu zwanghaft das Ganze!
Weg damit!

Aber sieben Wochen stillere Zeit,
das wäre es doch:
nachdenken,
träumen vielleicht,
weinen,
lachen.
Am Leben sein.
Am Leben bleiben.
Zeit für sich selbst,
Zeit für andere,
Zeit für dich, Gott.
Das wäre es doch.

Gesang: *O Christe Domine Jesu (Taizé)*
oder: *Kyrie eleison (aus EG 178, 9–12)*
oder: *Herr gib uns deinen Frieden (EG 436)*

Um stillere Zeiten bitten wir dich, Gott,
für diese sieben Wochen:
dass wir sie halten,
dass wir sie aushalten,
dass wir uns unseren Schatten stellen,
dass wir dankbar sind,
dass wir Zwiesprache halten mit dir.
Lass uns Ruhe finden –
und unruhig bleiben – je zu seiner Zeit.

Gesang: *O Christe Domine Jesu (Taizé)*
oder: *Kyrie eleison (aus EG 178, 9–12)*
oder: *Herr gib uns deinen Frieden (EG 436)*

Wir bitten dich
für alle Menschen, die gehetzt leben,
für alle, die keine Ruhe finden,
für alle, die nicht zur Besinnung kommen,
und sich getrieben fühlen bis in den Schlaf.

Gesang: *O Christe Domine Jesu (Taizé)*
oder: *Kyrie eleison (aus EG 178, 9–12)*
oder: *Herr gib uns deinen Frieden (EG 436)*

Wir bitten dich für alle,
die mit ihrer Zeit nichts anfangen können,
für alle, die sich langweilen,
für alle, die am Morgen schon den Abend herbei sehnen,
für alle, denen das Leben keine Freude macht.

Gesang: *O Christe Domine Jesu (Taizé)*
oder: *Kyrie eleison (aus EG 178, 9–12)*
oder: *Herr gib uns deinen Frieden (EG 436)*

Unsere Zeit steht in deinen Händen.
Du bist unser Anfang, du bist unser Ziel.
Verlass uns nicht, wir bitten dich.
Mach uns unruhig, wo Ungerechtigkeit und Not uns begegnen.

Mach uns ruhig, wo wir uns um uns selbst sorgen.
Du, Gott, weißt, was wir brauchen,
besser, als wir selbst es wissen können.
Gib uns deinen Frieden.

Gesang: *O Christe Domine Jesu (Taizé)*
oder: *Kyrie eleison (aus EG 178, 9–12)*
oder: *Herr gib uns deinen Frieden (EG 436)*

Stilles Gebet
Vaterunser

Abschluss (EG 482,5)
Gott, lass dein Heil uns schauen,
auf nichts Vergänglichs trauen,
nicht Eitelkeit uns freun;
lass uns einfältig werden
und vor dir hier auf Erden
wie Kinder fromm und fröhlich sein.

1. Sonntag der Passionszeit/Invokavit

Matthäus 4,1–11 (Ev)

Führe uns nicht in Versuchung!
Führe uns nicht in Versuchung, Gott,
dass wir nach den Sternen greifen,
wo uns doch auf Erden deine Sonne scheint.
Führe uns nicht in Versuchung, Gott,
dass wir das Unmögliche wollen,
wo doch das Mögliche schon mehr ist als genug.
Führe uns nicht in Versuchung, Gott,
dass wir unser Glück erzwingen möchten,
wo doch das Leben voller Überraschungen ist.
Erbarme dich über uns, Herr Jesus Christus!

> Gesang: *O Christe, Domine Jesu (Taizé)*
> oder: *Kyrie eleison/Herr erbarme dich (aus EG 178.9–12)*

Erbarme dich über alle, Gott,
die den Versuchungen des Lebens erliegen,
die süchtig sind nach Geld, nach Erfolg, nach Rausch.
Erbarme dich
über Rastlose,
über Leichtsinnige,
über Gewissenlose.
Erbarme dich über uns, Herr Jesus Christus!

> Gesang: *O Christe, Domine Jesu (Taizé)*
> oder: *Kyrie eleison/Herr erbarme dich (aus EG 178.9–12)*

Erbarme dich über alle, Gott,
die sich den Versuchungen des Lebens gar nicht erst aussetzen.
Erbarme dich
über alle, die zaudern und zweifeln,
über alle, die das Risiko scheuen,
über alle, die wunschlos unglücklich sind.
Erbarme dich über uns, Herr Jesus Christus!

Gesang: *O Christe, Domine Jesu (Taizé)*
oder: *Kyrie eleison/Herr erbarme dich (aus EG 178.9–12)*

Stilles Gebet
Vaterunser

Abschluss (EG 356, 2)
Herr Christ, um deines Namens Ehr
halt uns in deinem Frieden,
den Glauben stärk, die Liebe mehr',
dein Gnad sei uns beschieden;
gib Hoffnung uns in dieser Zeit,
führ uns zu deiner Herrlichkeit.
Dir sei Lob, Preis und Ehre!

2. Sonntag der Passionszeit/Reminiszere

Römerbrief 5,1–5 (Ep)

Für: was wir uns nicht aussuchen

Dass wir uns unserer Bedrängnisse „rühmen“,
ach, Bruder Paulus,
nichts liegt uns ferner.
Dass sie uns weiter bringen
im Glauben, im Hoffen, im Lieben – vielleicht.
Dass wir es erkennen?
Erst spät, wenn überhaupt.
Alle unsere Kämpfe und Schmerzen,
enttäuschte Hoffnungen,
ungestillte Wünsche,
Verletzungen,
Krankheit,
Trennung,
Verlust:
Wenn es nach uns ginge – wir suchten uns das alles nicht aus.
Jesus, du weißt es, du weißt es.
Du hast alles selber durchgemacht.
Was immer uns geschieht:
Du bist unser Friede.

> Gesang: *O Christe Domine Jesu (Taizé)*
> oder: *Kyrie eleison/Herr erbarme dich (aus EG 178.9–12)*

Wir bitten dich für alle Menschen, die in Bedrängnis leben:
Christen im Orient, politisch Verfolgte,
Flüchtlinge, Illegale, Rechtlose,
überall auf der Erde, auch in unserem Land.
Für sie alle rufen wir:

> Gesang: *O Christe Domine Jesu (Taizé)*
> oder: *Kyrie eleison/Herr erbarme dich (aus EG 178.9–12)*

Wir bitten dich für alle Menschen,
denen der Geduldsfaden reißt,

weil sie endlos gewartet haben:
auf das Glück,
auf die Liebe,
auf einen Arbeitsplatz,
auf Gerechtigkeit und ein erträgliches Dasein;
die gewalttätig werden,
die ihrer Wut freien Lauf lassen,
denen der Zweck die Mittel heiligt.
Für sie alle rufen wir:

Gesang: *O Christe Domine Jesu (Taizé)*
oder: *Kyrie eleison/Herr erbarme dich (aus EG 178.9–12)*

Wir bitten dich für alle Menschen,
die sich bewähren müssen,
die Angst haben, dass ihr Kraft nicht reicht,
die Ermutigung und Beistand brauchen:
Haftentlassene,
Berufsanfänger,
Projektleiterinnen,
Wiedereinsteiger,
Väter in Elternzeit,
Frauen und Männer, die alte Eltern pflegen.
Für sie alle rufen wir:

Gesang: *O Christe Domine Jesu (Taizé)*
oder: *Kyrie eleison/Herr erbarme dich (aus EG 178.9–12)*

Stilles Gebet
Vaterunser

Abschluss (EG 365,3)
Auf ihn will ich vertrauen in meiner schweren Zeit,
es kann mich nicht gereuen, er wendet alles Leid.
Ihm sei es heimgestellt;
mein Leib, mein Seel, mein Leben sei Gott dem Herrn ergeben;
Er schaff's, wie's ihm gefällt.

3. Sonntag der Passionszeit/Okuli

Lukas 9,57–62 (Ev)

Überforderst du uns?

Vielleicht überforderst du uns, Jesus.
Wir sind es doch nicht, die sagen könnten: Lass fahren dahin!
Wir hängen an unserem Heim und Haus.
Wir hängen an unseren Erinnerungen.
Wir ehren unsere Toten. Wir lieben unsere Liebsten –
und unsere lieben Gewohnheiten lieben wir auch.
Alles dahin geben – wir doch nicht!
Keine und keiner „geschickt für das Reich Gottes“.
Keine und keiner wie du.

> Gesang: *O Christe Domine Jesu (Taizé)*
> oder: *Kyrie eleison (aus EG 178.9–12)*

Vielleicht aber suchen wir es uns nicht aus.
Vielleicht werden uns unsere Sicherheiten aus der Hand geschlagen.
Vielleicht nimmt uns das Leben, was uns unverzichtbar scheint.
Vielleicht bleibt uns nichts als der Blick auf dich
und den Weg, den du gegangen bist.

> Gesang: *O Christe Domine Jesu (Taizé)*
> oder: *Kyrie eleison (aus EG 178.9–12)*

Wir bitten dich
für alle Heimatlosen, Unbehausten, Suchenden,
für alle, die sich nach Freundschaft sehnen,
nach einem Blick, einem Lächeln, einem Wort,
für alle, die dich nicht kennen,
für alle, die dich nicht wollen.

> Gesang: *O Christe Domine Jesu (Taizé)*
> oder: *Kyrie eleison (aus EG 178.9–12)*

Wir bitten dich für alle, die mit Verlusten leben,
für alle, deren Pläne gescheitert sind,

für alle, die mit ihrer Vergangenheit nicht fertig werden,
für alle, denen das Leben grausam mitgespielt hat.

Gesang: *O Christe Domine Jesu (Taizé)*
oder: *Kyrie eleison (aus EG 178.9–12)*

Auch für uns selbst bitten wir dich:
wenn wir uns zu wenig zutrauen,
wenn wir dir zu wenig zutrauen,
wenn wir an dein Reich kaum glauben,
wenn wir müde, kraftlos sind und leer –
dann komm du uns entgegen,
richte uns neu aus,
verwandle uns.

Gesang: *O Christe Domine Jesu (Taizé)*
oder: *Kyrie eleison (aus EG 178.9–12)*

Stilles Gebet
Vaterunser

Abschluss (EG 382,3)
Sprich du das Wort, das tröstet und befreit
und das mich führt in deinen großen Frieden.
Schließ auf das Land, das keine Grenzen kennt,
und lass mich unter deinen Kindern leben.
Sei du mein täglich Brot, so wahr du lebst.
Du bist mein Atem, wenn ich zu dir bete.
(Lothar Zenetti 1974/Huub Oosterhuis 1969)[1]

1 Deutscher Text: Lothar Zenetti: Strophe 3 aus: Ich steh vor dir mit leeren Händen, Herr © Herder Verlag, Freiburg.

4. Sonntag der Passionszeit/Lätare

Jesaja 54,7–10 (atl. Lesung/Pred VI)

Du spürst den Schmerz

Erinnere dich, Gott,
erinnere uns
an dein Versprechen:
Niemals mehr das Ganze vernichten.
Niemals das endgültige Nein
über deine Welt.

Gesang: *O Christe Domine Jesu (Taizé)*
oder: *Kyrie eleison/Herr erbarme dich (aus EG 178. 9–12)*

Dass du manchmal nicht da bist,
dass es scheint,
als habest du das Interesse verloren
oder als gäbe es dich gar nicht,
wir wissen, wie das ist.
Wenn wir uns verlassen fühlen von aller Welt,
mutterseelenallein
dann –
an wen sollen wir uns wenden,
wenn nicht an dich?
Im äußersten Fall schreit jeder: „Lieber Gott, hilf!"

Gesang: *O Christe Domine Jesu (Taizé)*
oder: *Kyrie eleison/Herr erbarme dich (aus EG 178. 9–12)*

Erinnere dich Gott,
erinnere uns,
du hast es versprochen:
Wenn die Erde bebt,
wenn sich der Himmel verfinstert,
wenn Kreuze aufgerichtet werden
oder noch Ärgeres geschieht –
Du bist da.
Du spürst den Schmerz deiner Geschöpfe,

erleidest ihren Tod,
machst alles neu!

Gesang: *O Christe Domine Jesu (Taizé)*
oder: *Kyrie eleison/Herr erbarme dich (aus EG 178. 9–12)*

Wir bitten dich
für Menschen unter der Folter,
für Kindersoldaten,
für Handlanger und Drahtzieher,
für Verführte und Verblendete,
für alle, die mit der Not anderer Geld machen.
Erbarme dich, Gott.

Gesang: *O Christe Domine Jesu (Taizé)*
oder: *Kyrie eleison/Herr erbarme dich (aus EG 178. 9–12)*

Wir bitten dich
für gequälte Tiere,
für vergiftete Böden,
für Wasser, Wind und Luft,
für die Keimkraft der Natur,
für Sonne und Regen zu seiner Zeit,
Saat und Ernte,
Frost und Hitze,
Sommer und Winter,
Tag und Nacht.

Gesang: *O Christe Domine Jesu (Taizé)*
oder: *Kyrie eleison/Herr erbarme dich (aus EG 178. 9–12)*

Stilles Gebet
Vaterunser

Abschluss (EG 361, 12)

Mach End, o Herr, mach Ende
mit aller unsrer Not;
stärk unsre Füß und Hände
und lass bis in den Tod
uns allzeit deiner Pflege
und Treu empfohlen sein,
so gehen unsre Wege
gewiss zum Himmel ein.

5. Sonntag der Passionszeit/Judika

Markus 10,35–45 (Ev)

Wozu das Ganze?
Was haben wir eigentlich davon,
wenn wir dir folgen, Jesus?
Was springt dabei heraus:
sonntags in die Kirche,
alltags eine ordentliche Bürgerin,
manchmal unter Protest.
Immer strebend bemüht,
ein guter Mensch zu sein,
und dafür vielleicht noch ausgelacht werden.
Wozu das Ganze?
Sehen wir irgendwann einen Erfolg?
Werden wir einmal dafür belohnt,
wenn nicht in dieser, dann in jener Welt?

Gesang: *O Christe Domine Jesu (Taizé)*
oder: *Kyrie eleison/Herr erbarme dich (aus EG 178. 9–12)*
oder: *Öffne meine Augen (EG 176)*

Jesus, du bist unbegreiflich.
Du drehst den Spieß um,
das stumpfe Ende nach vorn:
Lieber verletzt werden als verletzen,
lieber den Kürzeren ziehen, als Vorteile nehmen,
lieber Unrecht leiden als Unrecht tun.
Unter allen Umständen: Keine Gewalt!

Gesang: *O Christe Domine Jesu (Taizé)*
oder: *Kyrie eleison/Herr erbarme dich (aus EG 178. 9–12)*
oder: *Öffne meine Augen (EG 176)*

Niemals werden wir dich ganz verstehen.
Trotzdem hängen wir an dir.
Trotzdem laufen wir dir nach, weil es nichts Besseres gibt.
Trotzdem versuchen wir es

auf deine Art,
mühsam,
kraftraubend,
viele keine Schritte,
kein großer Sprung.
Es lässt uns nicht los.
Du lässt uns nicht los

Gesang: *O Christe Domine Jesu (Taizé)*
oder: *Kyrie eleison/Herr erbarme dich (aus EG 178. 9–12)*
oder: *Öffne meine Augen (EG 176)*

Wir bitten dich:
Verlier nicht die Geduld mit uns.
Rede mit uns.
Lass ab und zu ein kleines Wunder geschehen,
damit wir nicht matt werden
und uns der Resignation überlassen,
wenn es uns zu steinig wird und zu steil.
Gib uns
von deiner Kraft,
von deiner Unermüdlichkeit,
von deine Freude,
von deiner Menschenliebe,
von deinem Geist.
Darum bitten wir dich.

Gesang: *O Christe Domine Jesu (Taizé)*
oder: *Kyrie eleison/Herr erbarme dich (aus EG 178. 9–12)*
oder: *Öffne meine Augen (EG 176)*

Stille
Vaterunser

Abschluss (EG 157)

Lass mich dein sein und bleiben,
du treuer Gott und Herr,
von dir lass mich nichts treiben,
halt mich bei deiner Lehr.
Herr, lass mich nur nicht wanken,
gib mir Beständigkeit;
dafür will ich dir danken
in alle Ewigkeit.

6. Sonntag der Passionszeit/Palmsonntag und Karwoche

Philipperbrief 2,5–11 (Ep)

Jetzt und in der Stunde unsres Todes

Ach Jesus,
in dieser stillen Woche bist du uns vor Augen,
obwohl wir solche Bilder nicht mögen:
Blutvergießen, Hass und Gewalt.
Genug, dass die Nachrichten voll davon sind.
In der Kirche hätten wir es lieber: *schön!*

In dieser heiligen Woche aber bist du uns vor Augen,
du, der Schmerzensmann,
geschlagen, erniedrigt und „gehorsam bis zum Tod".
Dass du das alles freiwillig mitgemacht hast – unfassbar!
Ich – könnte das nicht! Keiner von uns!

> Gesang: *O Christe Domine Jesu (Taizé)*
> oder: *Kyrie eleison/Herr erbarme dich (aus EG 178.9–12)*

Du hast erlitten, was uns quält.
Du wolltest einer von uns sein.
Du weißt, was Menschen fertig macht.
Du bist bei uns, unser Beistand und Trost –
jetzt und in der Stunde unseres Todes.

> Gesang: *O Christe Domine Jesu (Taizé)*
> oder: *Kyrie eleison/Herr erbarme dich (aus EG 178.9–12)*

Jetzt und in der Stunde unseres Todes
rufen wir deinen Namen an,
der über alle Namen ist,
und bitten dich, unseren Bruder Jesus Christus:

für alle Menschen, die Gewalt erleiden
und
für alle, die gewalttätig sind;
für alle, denen das Leben böse mitspielt

und
für alle, die andere fertig machen;
für alle, die Schmerzen aushalten
und
für alle, die Schmerzen zufügen,
auch: die mit bestem Willen das Verkehrte tun,
und alle, die einfach nur „ihren Job“ machen
und nicht weiter darüber nachdenken.

Gesang: *O Christe Domine Jesu (Taizé)*
oder: *Kyrie eleison/Herr erbarme dich (aus EG 178.9–12)*

STILLES GEBET

Für deine ganze Schöpfung,
seufzend und geängstigt bis zu diesem Augenblick
bitten wir dich mit deinen eigenen Worten:

Vaterunser

ABSCHLUSS (EG 362,2)

Mit unserer Macht ist nichts getan,
wir sind gar bald verloren;
es streit für uns der rechte Mann,
den Gott hat selbst erkoren.
Fragst du, wer der ist?
Er heißt Jesus Christ,
der Herr Zebaoth,
und ist kein andrer Gott,
das Feld muss er behalten.

5 Verraten und verkauft

Zehn Gebete zur Passionsgeschichte nach Markus

1

Markus 14,1–11

Liebe und Verrat
O Jesus!
Hinterlist – Liebe – Verrat – und Geld!
Alles in deiner Geschichte.
Alles in unseren Geschichten.
Herr Jesus – hilf!

> Gesang: *O Christe, Domine Jesu (Taizé)*
> oder: *Kyrie eleison/Herr, erbarme dich (aus EG 178.9–12)*

Wir bitten dich für alle,
die ihre Liebe bedenkenlos verschwenden:
beschütze sie vor bösem Gerede,
bewahre sie vor Verachtung und Spott,
behüte sie vor einer Vernunft, die alles besser weiß.
Herr Jesus – hilf!

> Gesang: *O Christe, Domine Jesu (Taizé)*
> oder: *Kyrie eleison/Herr, erbarme dich (aus EG 178.9–12)*

Wir bitten dich für alle,
die anderen nachstellen mit Tücke und List,
für alle, die auf Versprechungen herein fallen,
für alle, die ihre Liebe verraten.
Herr Jesus – hilf!

Gesang: *O Christe, Domine Jesu (Taizé)*
oder: *Kyrie eleison/Herr, erbarme dich (aus EG 178.9–12)*

Wir bitten dich für uns.
Selten tun wir Böses für Geld.
Selten verschwenden wir unsere Liebe.
Meistens sind wir vernünftig – und verstehen nichts:
nichts von der Liebe,
nichts vom Verrat,
nichts vom Verrat aus Liebe.
Herr Jesus – hilf!

Gesang: *O Christe, Domine Jesu (Taizé)*
oder: *Kyrie eleison/Herr, erbarme dich (aus EG 178. 9–12)*

Stilles Gebet
Vaterunser

Abschluss (EG 356,2)
Herr Christ, um deines Namens Ehr'
halt uns in deinem Frieden,
den Glauben stärk, die Liebe mehr',
dein Gnad sei uns beschieden.
Gib Hoffnung uns in dieser Zeit,
führ uns zu deiner Herrlichkeit,
Dir sei Lob, Preis und Ehre!

2
Markus 14, 12–25

Anders als alle Nächte
Anders als alle Nächte – Passa.
Heiliger Abend.
Heilige Nacht.
Freiheit feiern.
Auszug aus dem Land der Sklaverei!
‚Ich bin der Herr, dein Gott,
der ich dich aus Ägypten, aus der Knechtschaft geführt habe.‘
Das Wunder aller Wunder –
gepriesen sei der Ewige für seine große Tat.

So feiern sie.
Er und die Zwölf und ganz Jerusalem.

Jesus, du wusstest Bescheid.
Du wusstest: dies würde dein letztes Fest sein.
Du wusstest: am Ende dieser Nacht würde es aus sein mit dir.

Trotzdem hast du gefeiert.
Alles sollte so wie immer sein.
Ein letztes Mahl mit den engsten Vertrauten.
Und, erstmals,
Brot und Wein – Zeichen für dich,
Zeichen deiner Gegenwart
für alle Zeit.
Brot und Wein – ein für alle Mal:
Du selbst
für alle,
selbst für den Verräter.
O Herr Jesus Christus

Gesang: *O Christe, Domine Jesu (Taizé)*
oder: *Kyrie eleison/Herr, erbarme dich (aus EG 178.9–12)*

Wir klagen dir
Gedankenlosigkeit,
Verständnislosigkeit,
Hinterhältigkeit und Unverstand.

Gesang: *O Christe, Domine Jesu (Taizé)*
oder: *Kyrie eleison/Herr, erbarme dich (aus EG 178.9–12)*

Wir bitten dich
für alle, die Brot und Wein mit Ehrfurcht genießen,
für alle, die nicht an deinen Tisch finden,
für alle, die dein Mahl kalt und gleichgültig lässt,
für alle, die sich sehnen und sich nicht trauen.

Gesang: *O Christe, Domine Jesu (Taizé)*
oder: *Kyrie eleison/Herr, erbarme dich (aus EG 178.9–12)*

Für alle, die mit sich und anderen streng sind,
strenger als dir lieb ist,
strenger als du es je warst.

Für alle, die andere ausschließen,
weil sie nicht das gleiche Verständnis haben,
weil sie nicht das gleiche Bekenntnis haben;
für alle, die nicht auf die Einheit der Kirchen warten wollen,
die heute schon die Gemeinschaft mit dir und miteinander suchen.

Gesang: *O Christe, Domine Jesu (Taizé)*
oder: *Kyrie eleison/Herr, erbarme dich (aus EG 178.9–12)*

Wir danken dir.
An deinem Tisch dürfen wir sein.
Auch wenn wir nicht reinen Herzens sind.
Auch wenn wir die Lasten unseres Alltags mit uns tragen.
Auch wenn wir mit unseren nächsten Menschen nicht im Reinen sind.
Du hast dein Mahl mit Judas geteilt.
Du lässt jeden an deinen Tisch,
der deine Nähe sucht.

Du bist da:
In deinem Wort,
in Brot und Wein,
im Bruder, in der Schwester neben uns.
Du bist da, wo Menschen leben,
du bist da wo Leben ist.
Dank sei dir dafür.

STILLES GEBET
Vaterunser

ABSCHLUSS (EG 228)
Er ist das Brot, er ist der Wein,
steht auf und esst, der Weg ist weit.
Es schütze euch der Herr,
er wird von Angst befrein.
(Eckart Bücken 1980)

3
Markus 14,26–31

Größer als unser Herz
Herr Jesus Christus,
wir sind wie jene damals,
singen dir Lobgesänge
und ärgern uns an dir,
wenn die Dunkelheit kommt
und mit ihr Zweifel und Angst.

Dir klagen wir
unseren Wankelmut,
unsere Zwiespältigkeiten.
Wir stehen nicht füreinander ein.
Wir stehen nicht zu unseren Überzeugungen.
Wir stehen nicht zu dir.
Wenn es darauf ankommt, schwanken wir
und verzagen leicht.
Sei uns gnädig,
Herr, erbarme dich!

> Gesang: *O Christe, Domine Jesu (Taizé)*
> oder: *Kyrie eleison/Herr, erbarme dich (aus EG 178.9–12)*

Wir bitten dich an diesem Abend
für alle, die gern große Worte machen
und sie nicht einhalten können.
Wir rufen

> Gesang: *O Christe, Domine Jesu (Taizé)*
> oder: *Kyrie eleison/Herr, erbarme dich (aus EG 178.9–12)*

Für alle, die ängstlich sind und um sich selbst besorgt,
bitten wir dich

> Gesang: *O Christe, Domine Jesu (Taizé)*
> oder: *Kyrie eleison/Herr, erbarme dich (aus EG 178.9–12)*

Für alle, die ihren Weg gehen
und sich von ihren nächsten Menschen im Stich gelassen fühlen,
bitten wir dich

Gesang: *O Christe, Domine Jesu (Taizé)*
oder: *Kyrie eleison/Herr, erbarme dich (aus EG 178.9–12)*

Für alle, die sich gern raus halten,
für alle, die nicht wissen, was sie tun,
bitten wir dich

Gesang: *O Christe, Domine Jesu (Taizé)*
oder: *Kyrie eleison/Herr, erbarme dich (aus EG 178.9–12)*

In der STILLE vertrauen wir dir an,
was unser Herz bedrückt:

STILLE

Du, Gott,
bist größer als unser Herz.
zu dir beten wir mit Jesu Worten:

Vaterunser

ABSCHLUSS

Gott, du siehst den kleinsten Spatz,
du siehst auch uns.
Halte uns bei dir
in guter und in böser Zeit.
Halte uns bei deinem Wort.
Halte uns beieinander.
Auf dich vertrauen wir.

4
Markus 14, 32–42

Wenn es kritisch wird
Herr Jesus Christus,
in deinen Jüngern damals
erkennen wir uns:
Wenn es kritisch wird, ziehen wir uns zurück.
Wenn uns alles zu viel wird,
flüchten wir uns
in den Schlaf,
ins Vergessen,
in den Rausch.
Dir klagen wir
unsere Ängstlichkeit,
unsere Müdigkeit,
unseren stumpfen Sinn.

Oft erkennen wir nicht, wenn wir gebraucht werden.
Wir gehen auf Distanz, wenn jemand unsere Nähe sucht.
Wir hüllen uns in Schweigen, wenn es brenzlig wird,
fühlen uns schnell überfordert
oder sind einfach ahnungslos.
Sei uns gnädig – Christus, erbarme dich!

Gesang: *O Christe, Domine Jesu (Taizé)*
oder: *Kyrie eleison/Herr, erbarme dich (aus EG 178.9–12)*

Wir bitten dich für alle,
die in diesen Tagen einsam sind
und sich nach Wärme und Verständnis sehnen.

Gesang: *O Christe, Domine Jesu (Taizé)*
oder: *Kyrie eleison/Herr, erbarme dich (aus EG 178.9–12)*

Für alle, die versagen
vor den Herausforderungen ihres Lebens
bitten wir dich

Gesang: *O Christe, Domine Jesu (Taizé)*
oder: *Kyrie eleison/Herr, erbarme dich (aus EG 178.9–12)*

Für alle, die Opfer werden
von Leichtsinn, Ignoranz,
vorhersehbaren Katastrophen und Gewalt,
(vor allem für die Familien und Freunde der Einsturzopfer in Köln und die Angehörigen der Opfer des Amokläufers in Winnenden heute)
bitten wir dich

Gesang: *O Christe, Domine Jesu (Taizé)*
oder: *Kyrie eleison/Herr, erbarme dich (aus EG 178.9–12)*

In der STILLE vertrauen wir dir an,
was unser Herz beschwert …

Stille

Vaterunser

Abschluss

Christus, unser Bruder,
du siehst den kleinsten Spatz,
du siehst auch uns.
Halte uns bei dir,
Halte uns bei deinem Wort.
Halte uns beieinander.
Auf dich vertrauen wir.

5
Markus 14, 43–49

Judas zum Beispiel
Ach Jesus,
wie Judas wollen wir nicht sein,
unseren liebsten Menschen verraten – niemals!
Judas hat dich geliebt,
hat große Stücke auf dich gehalten,
wollte erzwingen, dass du als Gottessohn dich zeigst,
wollte erzwingen, dass dein Reich kommt.
Einen siegreichen Herrn wollte er –
keinen, der ins Leiden geht.
Judas – eigensinnig, eigenmächtig, blind,
fixiert auf seine eigenen Vorstellungen
vom Lauf des Lebens, vom Lauf der Welt.
Wir sind wie er – öfter als wir selbst es wissen.

So klagen wir dir
unsere Verbissenheit, unsere Versessenheit,
unseren Perfektionismus, unseren Eigensinn,
unseren Wunsch nach Glanz, nach Einfluss, nach Überlegenheit.
Sei uns gnädig – Christus, erbarme dich!

Gesang: *O Christe, Domine Jesu (Taizé)*
oder: *Kyrie eleison/Herr, erbarme dich (aus EG 178.9–12)*

Wir bitten dich heute Abend für alle Menschen,
die auf Stärke setzen und auf Sieg,
ohne auf die Folgen zu sehen.
Wir rufen:

Gesang: *O Christe, Domine Jesu (Taizé)*
oder: *Kyrie eleison/Herr, erbarme dich (aus EG 178.9–12)*

Für alle, die zu den Waffen greifen,
um Lösungen zu erzwingen,
bitten wir dich:

Gesang: *O Christe, Domine Jesu (Taizé)*
oder: *Kyrie eleison/Herr, erbarme dich (aus EG 178.9–12)*

Für alle, die sich verstricken in Irrtum, Fehlentscheidungen, Verrat, bitten wir dich:

Gesang: *O Christe, Domine Jesu (Taizé)*
oder: *Kyrie eleison/Herr, erbarme dich (aus EG 178.9–12)*

Für alle Opfer von Gewalt, Eigenmächtigkeit und blindem Gehorsam bitten wir dich:

Gesang: *O Christe, Domine Jesu (Taizé)*
oder: *Kyrie eleison/Herr, erbarme dich (aus EG 178.9–12)*

STILLE
Vaterunser

ABSCHLUSS
Christus, unser Bruder,
du siehst, was mit uns los ist.
Du kennst uns besser als wir selbst uns kennen.
Halte uns bei dir
in guter und in böser Zeit.
Halte uns bei deinem Wort.
Halte uns beieinander
Auf dich vertrauen wir.

6
Markus 14, 50–53

Verlassen ganz und gar
O Jesus,
im Dunkeln greifen sie dich,
im Dunkeln verlassen dich alle,
im Dunkeln wirst du verhört, verurteilt, fertig gemacht.

Du hast nichts Böses getan.
Du hast das Leben geliebt.
Du hast die Liebe gelebt.
Die Welt erträgt dich nicht.
Herr, erbarme dich!

Gesang: *O Christe, Domine Jesu (Taizé)*
oder: *Kyrie eleison/Herr, erbarme dich (aus EG 178.9–12)*

Wir bitten dich an diesem Abend für alle,
die im Dunkel der Nacht und am helllichten Tag
verraten werden,
Schläge ertragen,
vor ungerechten Richtern stehen,
an Leib und Seele verletzt werden.
Herr, erbarme dich!

Gesang: *O Christe, Domine Jesu (Taizé)*
oder: *Kyrie eleison/Herr, erbarme dich (aus EG 178.9–12)*

Wir bitten dich für alle,
die im Dunkel der Nacht und am helllichten Tag
ihre Macht missbrauchen,
ihr Herz verschließen,
ihre Liebe verraten,
vor Herausforderungen fliehen,
Böses in bester Absicht tun.
Herr, erbarme dich!

Gesang: *O Christe, Domine Jesu (Taizé)*
oder: *Kyrie eleison/Herr, erbarme dich (aus EG 178.9–12)*

Wir bitten dich für uns selbst.
Wir sind nicht besser als deine Jünger in jener Nacht:
Wir schauen zu.
Wir schlagen um uns.
Wir enttäuschen unsere nächsten Menschen
im entscheidenden Augenblick.
Wir überlassen uns dem Kummer und der Angst.
Herr, erbarme dich!

Gesang: *O Christe, Domine Jesu (Taizé)*
oder: *Kyrie eleison/Herr, erbarme dich (aus EG 178.9–12)*

STILLE

Du, Christus,
gibst keinen von uns auf.
So beten wir mit deinen Worten:

Vaterunser

ABSCHLUSS (EG 83,4)

Du sollst sein meines Herzens Licht,
und wenn mein Herz in Stücke bricht,
sollst du mein Herze bleiben.
Ich will mich dir, mein höchster Ruhm,
hiermit zu deinem Eigentum
beständiglich verschreiben.

7
Markus 14, 53–65

So ungerecht!
Ach Jesus,
es ist so ungerecht,
was sie mit dir machen –
und keiner, der dich verteidigt,
keiner, der dazwischen geht,
keiner, der seine schützende Hand über dich hält.
Ausgeliefert bist du,
gedemütigt,
gequält.
Man kann es nicht mit ansehen!
Aber es geschieht trotzdem,
täglich,
heute.
Und wir halten Abstand,
halten den Mund,
halten uns raus.
Das alles klagen wir dir,
Christus, erbarme dich!

Gesang: *O Christe, Domine Jesu (Taizé)*
oder: *Kyrie eleison/Herr, erbarme dich (aus EG 178.9–12)*

Wir bitten dich heute Abend
für alle, die untätig zusehen, wenn anderen Unrecht geschieht,
für alle, die ihre Augen und Ohren verschließen,
für alle, denen das Schicksal anderer egal ist.
Wir rufen:

Gesang: *O Christe, Domine Jesu (Taizé)*
oder: *Kyrie eleison/Herr, erbarme dich (aus EG 178.9–12)*

Für alle, die schlecht über andere reden,
für alle, die Lügen verbreiten,
für alle, denen Schmerz bereiten Lust macht,
bitten wir dich:

Gesang: *O Christe, Domine Jesu (Taizé)*
oder: *Kyrie eleison/Herr, erbarme dich (aus EG 178.9–12)*

Für alle unschuldig Verleumdeten,
für alle unschuldig Verklagten,
für alle unschuldig Verurteilten,
bitten wir dich:

Gesang: *O Christe, Domine Jesu (Taizé)*
oder: *Kyrie eleison/Herr, erbarme dich (aus EG 178.9–12)*

Und für uns selbst:
dass wir nicht Gutes wollen und Böses tun,
dass wir dem Unrecht widerstehen,
dass wir zur Stelle sind, wenn unser Beistand gebraucht wird,
darum bitten wir dich.

Gesang: *O Christe, Domine Jesu (Taizé)*
oder: *Kyrie eleison/Herr, erbarme dich (aus EG 178.9–12)*

Stille
Vaterunser

Abschluss
Christus, unser Bruder,
du kennst uns, du siehst uns.
Halte uns bei dir
in guter und in böser Zeit.
Halte uns bei deinem Wort,
halte uns beieinander.
Auf dich vertrauen wir.

8
Markus 14, 66–72

Auf niemand Verlass
Ach Jesus,
auf keinen ist in dieser Nacht Verlass.
Der die großen Worte gemacht hat, Petrus,
als es darauf ankommt, versagt er.
Zweimal muss der Hahn krähen, bevor er begreift.

Was alles muss passieren, bevor wir begreifen?

Wir klagen dir unsere Untreue,
Untreue gegen uns selbst und andere Menschen,
klagen dir unseren Wankelmut,
unsere Schwachheit und Inkonsequenz.
Wie oft ist Angst die stärkste Kraft in uns!
Christus, erbarme dich!

> Gesang: *O Christe, Domine Jesu (Taizé)*
> oder: *Kyrie eleison/Herr, erbarme dich (aus EG 178, 9–12)*

Wir bitten dich heute Abend
für alle, die ein Versprechen geben und nicht halten können,
für alle, die sich einschüchtern lassen,
für alle, die nachts weinen, weil Schuld ihr Gewissen beschwert.

> Gesang: *O Christe, Domine Jesu (Taizé)*
> oder: *Kyrie eleison/Herr, erbarme dich (aus EG 178, 9–12)*

Für alle, die andere in Bedrängnis bringen,
für alle, die andere unter Druck setzen,
für alle, denen es Vergnügen bringt, andere zu verunsichern,
für sie alle bitten wir dich:

> Gesang: *O Christe, Domine Jesu (Taizé)*
> oder: *Kyrie eleison/Herr, erbarme dich (aus EG 178, 9–12)*

Für alle, die Treulosigkeit erleben,
für alle, die dem Bösen ausgeliefert sind,
für alle, die nachts Verhör und Schlimmeres erleben,
für sie alle bitten wir dich:

Gesang: *O Christe, Domine Jesu (Taizé)*
oder: *Kyrie eleison/Herr, erbarme dich (aus EG 178, 9–12)*

Und für uns selbst bitten wir dich:
um Bescheidenheit im Reden und Tun,
um Einsicht in unsere Grenzen,
um Eingestehen von Versagen und Schuld.
Ja, darum bitten wir dich:

Gesang: *O Christe, Domine Jesu (Taizé)*
oder: *Kyrie eleison/Herr, erbarme dich (aus EG 178, 9–12)*

STILLES GEBET
Vaterunser

ABSCHLUSS
Christus, unser Bruder,
du kennst uns,
du siehst uns,
du weißt, was uns fehlt.
Halte uns bei dir
in guter und in böser Zeit.
Halte uns bei deinem Wort.
Halte uns beieinander.
Auf dich vertrauen wir.

9
Markus 15, 1–20a

Man schämt sich, ein Mensch zu sein
Ach, Jesus,
was bricht nicht alles aus in dieser Nacht!
Missgunst und Neid,
Ratlosigkeit, Hilflosigkeit,
Spaß an Grausamkeit und rohem Spiel.
Nur einer gewinnt seine Freiheit:
ein aktenkundiger Terrorist.

Welch eine Nacht!

Wie konntest du sie ertragen?
So viel Missverstehen, Demütigung, Schmerz!
Vor Augen den Tod …
Und kein Beistand, nicht einmal ein Pflichtverteidiger.

Man schämt sich, ein Mensch zu sein.

Wir klagen dir, Jesus,
dass es heute nicht anders ist als damals.
Alles, was du aushältst, kommt vor:
in unseren Häusern, in unserem Land, in der Welt.
Manchmal erscheint das ganze Leben uns sinnlos.
Christus, erbarme dich!

> Gesang: *O Christe, Domine Jesu (Taizé)*
> oder: *Kyrie eleison/Herr, erbarme dich (aus EG 178, 9–12)*

Wir bitten dich heute Abend
für alle, die Intrigen spinnen
und vor keiner Gemeinheit zurück scheuen.
Für alle, die ängstlich nur auf Ruhe und Ordnung bedacht sind.
Für alle, die Terror als politisches Mittel ansehen.

Gesang: *O Christe, Domine Jesu (Taizé)*
oder: *Kyrie eleison/Herr, erbarme dich (aus EG 178, 9–12)*

Für Soldaten und Soldatinnen, die der Krieg grausam gemacht hat.
Für Veteranen, die sich nicht vom Krieg erholen können.
Für junge Menschen, die in den Krieg wollen
oder dazu gezwungen werden.
Für sie alle bitten wir dich:

Gesang: *O Christe, Domine Jesu (Taizé)*
oder: *Kyrie eleison/Herr, erbarme dich (aus EG 178, 9–12)*

Für alle, die mundtot gemacht werden.
Für alle, denen nichts als stilles Aushalten bleibt.
Für alle, die ohne menschlichen Beistand
Schreckliches ertragen müssen.
Für sie alle bitten wir dich:

Gesang: *O Christe, Domine Jesu (Taizé)*
oder: *Kyrie eleison/Herr, erbarme dich (aus EG 178, 9–12)*

Und für uns selbst bitten wir dich,
dass wir dem Neid und der Missgunst keinen Raum geben in uns,
dass wir nicht Schulter zuckend zusehen,
wenn offensichtlich Unrecht geschieht,
dass wir nicht schadenfroh sind.
Darum bitten wir dich.

Gesang: *O Christe, Domine Jesu (Taizé)*
oder: *Kyrie eleison/Herr, erbarme dich (aus EG 178, 9–12)*

STILLES GEBET
Vaterunser

Abschluss

Christus, unser Bruder,
du kennst uns,
du siehst uns
du weißt, was uns fehlt,
du willst uns trotzdem.
Halte uns bei dir in guter und in böser Zeit.
Halte uns bei deinem Wort.
Halte uns beieinander.
Auf dich vertrauen wir.

10
Markus 15, 20b–47

Wir in deiner Geschichte
O Jesus!
Wo sind wir in deiner Geschichte?
Bei den Kreuzträgern?
Bei den Kreuzigern?
Bei den beiden rechts und links von dir?
Bei denen, die ablästern und dumme Sprüche machen?
Bei dem Hauptmann, der im letzten Augenblick etwas begreift?
Bei den Frauen, die aushalten bis zuletzt?
Sind wir da irgendwo in deiner Geschichte,
so, wie du in unseren Geschichten bist
und schweigst
und aushältst
und bleibst?
Christus, erbarme dich!

> Gesang: *O Christe, Domine Jesu (Taizé)*
> oder: *Kyrie eleison/Herr, erbarme dich (aus EG 178.9–12)*

Wir bitten dich um Nachsicht und Verzeihen,
wenn wir in den Krisen und Gefährdungen unseres Lebens
keine rühmliche Rolle spielen,
wenn wir weg sehen,
wenn wir weg gehen,
wenn wir schönreden,
wenn wir schlechtmachen,
wenn wir ohne Kraft und ohne Liebe und ohne Einsicht sind.
Christus, erbarme dich!

> Gesang: *O Christe, Domine Jesu (Taizé)*
> oder: *Kyrie eleison/Herr, erbarme dich (aus EG 178.9–12)*

Wir bitten dich für alle,
die ihren nächsten Menschen verlassen
für alle, die stumpf und roh geworden sind,

für alle, die Böses erleben,
für alle, die Böses tun,
für die Opfer,
und die Täter
von Missbrauch und Gewalt,
(für Andreas und Frederik in Eislingen,
die vier Menschen umgebracht haben und nicht sagen können, warum.)
Christus, erbarme dich!

> Gesang: *O Christe, Domine Jesu (Taizé)*
> oder: *Kyrie eleison/Herr, erbarme dich (aus EG 178.9–12)*

Wir bitten dich für alle,
die um einen Menschen trauern,
für alle, die Trauernde trösten und stärken,
für alle, die Sterbenden beistehen,
für alle, denen Kinder anvertraut sind,
für alle, die ihre Alten lieben, ehren und pflegen bis zum Tod.
Christus, erbarme dich!

> Gesang: *O Christe, Domine Jesu (Taizé)*
> oder: *Kyrie eleison/Herr, erbarme dich (aus EG 178, 9–12)*

Stilles Gebet

Vaterunser

Abschluss

Alle unsere Versuchungen,
alle unsere Verfehlungen,
alle unsere Verzweiflungen
geben wir dir anheim.
Du wirst sie aufheben und verwandeln.
Wir werden neu ins Leben gehen.

6 Alles neu!

Gebete zu Ostern, Christi Himmelfahrt und Pfingsten

Ostern und Osterzeit

Ostern

1. Korintherbrief 15,1–11 (Ostersonntag Ep)

Altes vergeht – Neues wird

Herr Jesus Christus,
durch dich wird alles neu:
ein Verfolger wird zum Apostel,
Blinde sehen,
Lahme gehen,
Tote erwachen zum ewigen Leben.
Altes vergeht.
Neues wird.
Dank sei Gott!

> Gesang: *Bonum est confidere in Domino (Taizé)*
> oder: *Höre, höre uns (EG 565, HE)*

Wir bitten dich:
Öffne unsere Augen,
dass auch wir sehen,
dich sehen,
in Kindern und Alten,
in Hungrigen und Verzweifelten,
in Kranken und Gefangenen,
in den Menschen, die uns über den Weg laufen,
in allen Geschöpfen dieser Erde.

Gesang: *Bonum est confidere in Domino (Taizé)*
oder: *Höre, höre uns (EG 565, HE)*

Vernunft und alle Sinne –
schärfe sie!
Dass wir nicht hochmütig sind,
dass wir nicht unbedacht handeln,
dass wir die Meinung anderer achten,
dass wir unsere Grenzen erkennen,
dass wir uns Lachen und Weinen erlauben,
dass unser Herz nicht kalt und fühllos wird.

Gesang: *Bonum est confidere in Domino (Taizé)*
oder: *Höre, höre uns (EG 565, HE)*

Wir bitten dich für alle,
die dich nicht kennen,
die dich verkennen,
die meinen, sie brauchten niemand,
die meinen, sie hätten niemand,
die es nicht schaffen, aufeinander zu zu gehen.

Gesang: *Bonum est confidere in Domino (Taizé)*
oder: *Höre, höre uns (EG 565, HE)*

Wir bitten dich für alle,
die Gutes wollen und Böses tun,
die verbohrt und verblendet sind,
die gewissenlos handeln,
die gierig sind und nur dem Augenblick leben.

Gesang: *Bonum est confidere in Domino (Taizé)*
oder: *Höre, höre uns (EG 565, HE)*

STILLE

Vaterunser

Abschluss

Das Leben kann wunderbar,
das Leben kann schrecklich sein.
Keiner weiß, was der nächste Tag bringt.
In deine Obhut befehlen wir uns
und alles,
heute und immer.

1. Sonntag nach Ostern/Quasimodogeniti

Johannes 20,19–20. 24–29 (Ev i. A.)

Zwei Seelen in der Brust

O Jesus!
Wie Thomas sind wir.
Glaube und Zweifel,
Zweifel und Glaube,
zwei Seelen in einer Brust,
unschlüssig,
zwiespältig,
hin und her gerissen,
voll guten Willens meist,
aber auch voll Ängstlichkeit, Misstrauen, Verzagtheit.

Wir bitten dich für alle,
die sich nicht auf dich und deinen Weg einlassen können,
obwohl sie voll Sehnsucht sind,
auf der Suche nach wahrem Leben.
Für alle, die sich enttäuscht abwenden,
weil ihre heißen Wünsche nicht in Erfüllung gehen,
für alle, denen das Leben so böse mitspielt,
dass sie jede Hoffnung fahren lassen.

> Gesang: *Bonum est confidere in Domino (Taizé)*
> oder: *Höre, höre uns (EG 565, HE)*

Wir bitten dich für alle, die an deiner Kirche verzweifeln,
weil es in ihr nicht besser zugeht als sonst in der Welt,
weil *wir* oft so weit zurück bleiben hinter dem,
was wir glauben und verkünden,
weil von deiner Herrlichkeit so wenig greifbar,
so wenig zu sehen und zu spüren ist.

> Gesang: *Bonum est confidere in Domino (Taizé)*
> oder: *Höre, höre uns (EG 565, HE)*

Wir bitten dich für alle,
die trotzdem dabei bleiben,
dir die Treue halten
und deiner armen Kirche:
die Unermüdlichen,
die Unverdrossenen,
die Unverwüstlichen.
Von ihrem Beispiel lebt unser Glauben, Hoffen und Lieben
in starken und in schwachen Stunden.
Danke, dass es diese Menschen gibt.
Danke, dass auch wir manchmal sein können wie sie:
tröstlich,
Mut machend,
begeisternd,
verlässlich und treu.

Gesang: *Bonum est confidere in Domino (Taizé)*
oder: *Höre, höre uns (EG 565, HE)*

Stille
Vaterunser

Abschluss (EG 193,2)
Beweis dein Macht, Herr Jesu Christ,
der du Herr aller Herren bist.
Beschirm dein arme Christenheit,
dass sie dich lob in Ewigkeit.

2. Sonntag nach Ostern/Miserikordias Domini
Johannes 10,11–16. 27–30 (Ev)

Gib uns nicht aus der Hand
Aus deiner Hand reißt uns nichts?
Ach Jesus!
Ach Gott!

An uns zerrt so viel.
Hin und her gerissen sind wir
von tausend Möglichkeiten,
Versprechungen, Verheißungen.
Können rechts und links nicht unterscheiden,
unterscheiden gut und böse nicht.
Entscheiden müssen wir uns.
Einen Weg wählen.
Deinen Weg wählen?

> Gesang: *Bonum est confidere in Domino (Taizé)*
> oder: *Höre, höre uns (EG 565, HE)*

Auf der Suche sind wir.
Mühsam.
Voller Freude.
Manchmal verzweifelt.
Manchmal auf der Stelle tretend.
Manchmal an der Grenze,
oder sogar: am Abgrund, im Abgrund.

Aber:
Aus deiner Hand reißt uns nichts.
Wir verirren uns.
Wir verstricken uns.
Es kann sein, wir unterliegen.
Es kann sein, wir wissen nicht mehr aus noch ein.
Aus deiner Hand reißt uns nichts.

Trotzdem kommen wir uns manchmal so verloren vor.

Gesang: *Bonum est confidere in Domino (Taizé)*
oder: *Höre, höre uns (EG 565, HE)*

Wir bitten dich, Jesus, Gott,
halte unsere Kinder,
halte unsere Alten,
halte, die mit Krankheit kämpfen,
halte die Hochmütigen,
halte die Kleinmütigen,
die Rastlosen,
die Unbeweglichen.
Halte sie, Gott,
halte sie, Jesus, in deiner Hand.

Gesang: *Bonum est confidere in Domino (Taizé)*
oder: *Höre, höre uns (EG 565, HE)*

Sei hinter uns her. Sei uns voraus.
Gib keinen auf. Gib nichts aus der Hand.
Halte die Lebensmüden.
Halte die Lebensvollen,
die Tätigen,
die Untätigen,
Glückspilze,
Pechvögel,
deine Geschöpfe:
Menschen, Tiere, Bäume und Blumen,
das Wasser, die Luft,
deine ganze Erde, Gott,
halte sie in deiner Hand.

Gesang: *Bonum est confidere in Domino (Taizé)*
oder: *Höre, höre uns (EG 565, HE)*

Stille
Vaterunser

Abschluss (EG 299,5)

Ob bei uns ist der Sünden viel,
bei Gott ist viel mehr Gnade;
sein Hand zu helfen hat kein Ziel,
wie groß auch sei der Schade.
Er ist allein der gute Hirt,
der Israel erlösen wird
aus seinen Sünden allen.

3. Sonntag nach Ostern/Jubilate

Genesis 1,1–2,4a (atl Lesung + E)

Besser geht's nicht

Einmal, Gott,
hattest du Freude an deinen Geschöpfen.
Einmal konntest du sagen: Sehr gut.
Einmal konntest du denken:
Besser geht's nicht.
Himmel und Erde strahlten dich an.
Strahlten von dir.
Unvorstellbar, dass es einmal so gewesen sein soll.
Unvorstellbar schön!

Seitdem aber nehmen wir die Sache selbst in die Hand.
Auftragsgemäß.
Mancherorts ist es wieder wüst und leer.
Finster auf der Tiefe
und auf den Höhen auch.
Das alte Chaos. Neues Tohuwabohu.
Vielleicht, Gott, hast du deinen Menschen zu viel zugetraut.

Trotz allem
hast du den Anfang noch im Gedächtnis.
Dein Gedächtnis ist groß
und deine Güte reicht so weit der Himmel ist.
Darum loben wir dich ohne Wenn und Aber.
Du gibst nicht auf.
Du gibst uns nicht auf.

> Gesang: *Bonum est confidere in Domino (Taizé)*
> oder: *Höre, höre uns (EG 565, HE)*

Er war deine beste Idee: Christus Dominus Jesus.
Er ist unser Bruder.
Er hat das Leid deiner Geschöpfe geteilt.
Er hat deinen Schmerz geteilt.
Er hat den Tod besiegt.

Gesang: *Bonum est confidere in Domino (Taizé)*
oder: *Höre, höre uns (EG 565, HE)*

Wir bitten dich
für alle deine Geschöpfe:
Gräser und Bäume,
Fische und Vögel,
Füchse, Bären,
Rind und Schwein,
Biene und Schmetterling.

Gesang: *Bonum est confidere in Domino (Taizé)*
oder: *Höre, höre uns (EG 565, HE)*

Auch für uns bitten wir dich,
deine Menschen.
Wir machen Fehler –
und Schlimmeres.
Vergib uns unsere Schuld.

Gesang: *Bonum est confidere in Domino (Taizé)*
oder: *Höre, höre uns (EG 565, HE)*

Du, Jesus, wolltest es besser machen.
Du hast gezeigt, wie man leben kann ohne Gewalt.
Du hattest keine Chance.
Aber du lebst! Du bist da.
Lass uns deiner Spur folgen.
Lass uns deines Sinnes sein.
Behüte uns vor Gier und Achtlosigkeit.
Gib uns Mut zum deutlichen Wort.
Gib uns gute Ideen.
Gib uns Freude ins Herz
an dieser wunderbaren Welt.

Gesang: *Bonum est confidere in Domino (Taizé)*
oder: *Höre, höre uns (EG 565, HE)*

STILLE
Vaterunser

ABSCHLUSS (EG 636 HE)
Wir haben ein Ziel, das voraus liegt,
wir spielen uns ein auf deine Zukunft, Gott.
Wir sagen und singen: Alles ist gut, was du gemacht hast.
Mühselig, langsam, in Hoffnung und Furcht
gestalten wir deine Verheißung aus,
bauen wir an der Stadt des Friedens,
an der neuen Schöpfung,
wo du uns Licht bist, alles in allem.
Gib uns die Kraft dazu,
bring uns an ein glückliches Ende.
(Huub Oosterhuis 1967)[2]

Das bitten wir durch Christus, unsern Herrn.

2 Text: Huub Oosterhuis © Ekklesia Music Publishing (adm. by Smallstonemediasongs.com)

4. Sonntag nach Ostern/Kantate

Kolosserbrief 3,12–17 (Ep)

Weil nichts Gutes selbstverständlich ist

Singen:
aus vollem Herzen,
aus voller Kehle,
laut
oder leise,
glücklich,
leichten Sinnes,
Freude, die überfließt.

Ein Kind kam zur Welt.
Eine Liebe blieb lebendig.
Einer wurde gesund.
Arbeit gelingt.
Im Land herrscht Frieden
und niemand muss hungern.
Nach langem Winter
wärmt die Sonne.
Das Gras wächst und die Vögel nisten.
Es gibt Bücher – und Musik.
Danke Gott!

Singen:
weil nichts Gutes selbstverständlich ist.
Grund ist genug,
Grund zum Singen,
Grund zum Danken,
Grund zur Freude.

> Gesang: *Bonum est confidere in Domino (Taizé)*
> oder: *Höre, höre uns (EG 565, HE)*
> oder: *Ich will dem Herrn singen mein Leben lang (EG 340)*

So bitten wir dich, Gott,
für alle, die mit Lust und Freude singen,

die ihre Stimme erheben,
die ihre Stimme schulen und bilden,
für alle, die andere mit ihrem Gesang erfreuen,
für alle, denen das Herz voll ist
und der Mund übergeht.

> Gesang: *Bonum est confidere in Domino (Taizé)*
> oder: *Höre, höre uns (EG 565, HE)*
> oder: *Ich will dem Herrn singen mein Leben lang (EG 340)*

Wir bitten dich auch
für alle, die sich nicht zu singen trauen,
selbst wenn sie mit sich allein sind;
für alle, die nicht singen können,
für alle, mit denen nie einer gesungen hat.
Öffne ihre Ohren und alle Sinne.
Gib ihnen ein Lied auf die Lippen, *ihr* Lied.
Auch Brummen und Krächzen,
auch schräge Töne erfreuen dein Herz, Gott –
wenn wir es nur begreifen wollten!

> Gesang: *Bonum est confidere in Domino (Taizé)*
> oder: *Höre, höre uns (EG 565, HE)*
> oder: *Ich will dem Herrn singen mein Leben lang (EG 340)*

Sei du unser Lied.
Sei du unser Klang.
Sei du der Ton,
der Takt und Rhythmus unseres Lebens.
Dir singen wir.
Dich loben wir,
solange wir sind.

> Gesang: *Bonum est confidere in Domino (Taizé)*
> oder: *Höre, höre uns (EG 565, HE)*
> oder: *Ich will dem Herrn singen mein Leben lang (EG 340)*

Stille

Vaterunser

Abschluss (EG 598,9 HE)

Nichts, nichts ist mein,
das Gott nicht angehöre.
Herr, immerdar soll deines Namens Ehre,
dein Lob in meinem Munde sein.

5. Sonntag nach Ostern/Rogate

Exodus 32, 7–14 (atl Lesung/Pred VI)

Du hörst auf uns!
Bist du wirklich so, Gott?
Du änderst deine Meinung, weil ein Mose dich bittet?
Du lässt dich erweichen?
Du bereust Pläne?
Du lässt dich erinnern an eine alte Liebe?
Wer hätte das gedacht!
Aber in deinem Buch steht es so.
Wunderbar!

> Gesang: *Bonum est confidere in Domino (Taizé)*
> oder: *Höre, höre uns, Gott, wir bitten dich! (EG 565 HE)*

Du hast tatsächlich auf Mose gehört.
Vielleicht hörst du auch uns?
Ach Gott, höre uns,
wir bitten dich.

> Gesang: *Bonum est confidere in Domino (Taizé)*
> oder: *Höre, höre uns, Gott, wir bitten dich! (EG 565 HE)*

Wir bitten dich
für alle, die sich Mühe geben, ein ordentliches Leben zu führen,
für alle, die es nicht hinkriegen,
für alle, die sich um nichts scheren,
für alle, denen es um den eigenen Vorteil geht,
für alle, die anderen das Leben schwer machen.

> Gesang: *Bonum est confidere in Domino (Taizé)*
> oder: *Höre, höre uns, Gott, wir bitten dich! (EG 565 HE)*

Wir bitten dich
für alle, denen das Beten schwer fällt,
die nicht glauben können, dass jemand sie hört,
die nicht glauben können, dass du, Gott, sie hörst;

für alle, die meinen, dass Beten eine Pflicht ist,
für alle, die nicht wissen, wie sie zu dir sprechen sollen.

Gesang: *Bonum est confidere in Domino (Taizé)*
oder: *Höre, höre uns, Gott, wir bitten dich! (EG 565 HE)*

Wir bitten dich auch für uns.
Manchmal sprechen wir mit dir.
Manchmal vergessen wir es.
Manchmal ist uns alles egal.
Manchmal finden wir keine Worte.
Manchmal können wir nur seufzen und sagen: Ach, Gott!

Aber manchmal sind wir glücklich
und können dich loben, dir danken, dich preisen.
Das sind unsere besten Stunden.
Dann glauben wir dir.
Dann spüren wir dich.
Danke Gott, dass es diese Augenblicke gibt!

Gesang: *Bonum est confidere in Domino (Taizé)*
oder: *Höre, höre uns (EG 565, HE)*

Stille
Vaterunser

Abschluss (EG 369,7)
Sing, bet und geh auf Gottes Wegen,
verricht das Deine nur getreu
und trau des Himmels reichem Segen,
so wird er bei dir werden neu.
Denn welcher seine Zuversicht
auf Gott setzt, den verlässt er nicht.

Himmelfahrt und Pfingsten

Christi Himmelfahrt und Exaudi

Apostelgeschichte 1, 4–14 (Ep i. A. + E)

Öde Zeiten

Warten.
Warten zehn Tage lang.
Warten zehn Tage lang auf den Tröster, den lebendigen Geist.
Warten auf Inspiration,
auf Begeisterung,
auf Brennen im Herzen,
auf eine gute Idee,
einen Aufbruch,
einen Neuanfang.
Zehn Tage, zehn Nächte können wie zehn Jahre sein,
wenn Zeit und Stunde ungewiss sind.
O Herr Jesus Christus!

> Gesang: *Bonum est confidere in Domino (Taizé)*
> oder: *Höre, höre uns (EG 565, HE)*
> oder: *Ihr werdet die Kraft des Heiligen Geistes empfangen (EG 132)*

Gib, Herr, dass wir warten lernen,
gib, dass wir öde Tage ertragen,
gib, dass wir Langeweile aushalten,
gib, dass Regen und Kälte uns nicht trübsinnig machen.
Gib uns Zuversicht und Geduld!
O Herr Jesus Christus!

> Gesang: *Bonum est confidere in Domino (Taizé)*
> oder: *Höre, höre uns (EG 565, HE)*
> oder: *Ihr werdet die Kraft des Heiligen Geistes empfangen (EG 132)*

Gib, Herr, dass wir beieinander bleiben,
wenn die Zeit uns lang wird,
dass wir uns nicht vereinzeln und verkriechen,
dass wir uns gegenseitig aushalten,

dass wir uns gegenseitig aufrichten,
dass wir zusammen wachen und beten,
und nicht müde werden, dich zu erwarten, täglich,
seien Zeit und Stunde noch so ungewiss.
O Herr Jesus Christus!

Gesang: *Bonum est confidere in Domino (Taizé)*
oder: *Höre, höre uns (EG 565, HE)*
oder: *Ihr werdet die Kraft des Heiligen Geistes empfangen (EG 132)*

Gib Herr, dass wir nicht nur auf uns selber sehen
sondern ein Auge haben für die, die auf uns warten:
auf einen Besuch,
auf einen Brief,
auf ein Telefongespräch, eine SMS,
auf handgreifliche Hilfe in handgreiflicher Not,
auf stillen Beistand in stiller Not.
O Herr Jesus Christus!

Gesang: *Bonum est confidere in Domino (Taizé)*
oder: *Höre, höre uns (EG 565, HE)*
oder: *Ihr werdet die Kraft des Heiligen Geistes empfangen (EG 132)*

Stille
Vaterunser

Abschluss (EG 473, 4)
Der Tag nimmt ab.
Ach schönste Zier,
Herr Jesu Christ, bleib du bei mir,
es will nun Abend werden.
Lass doch dein Licht
auslöschen nicht
bei uns allhier auf Erden.

Pfingsten

Apostelgeschichte 2,1–12 (Pfingstsonntag Ep i. A.)

Tu es einfach!

Gesang: *Veni sancte spiritus (Taizé)*
oder: *Komm, heiliger Geist (EG 156)*

Ja, komm heiliger Geist
und erfüll die Herzen deiner Gläubigen
und die Herzen deiner Ungläubigen,
tu es!
Tu es so, dass wir nicht mehr anders können,
als dich loben und dir danken,
mit allem, was wir sind und haben,
mit Herzen, Mund und Händen,
Vernunft und allen Sinnen
mit unserem ganzen Leben, Tag für Tag.
Komm, heiliger Geist!

Gesang: *Veni sancte spiritus (Taizé)*
oder: *Komm, heiliger Geist (EG 156)*

Wir bitten dich an diesem Tag
für alle, die dich nicht wahrnehmen,
für alle, die sich dir verschließen,
für alle, die deine Kraft bezweifeln,
für alle, die nichts von dir wissen.
Komm, heiliger Geist!

Gesang: *Veni sancte spiritus (Taizé)*
oder: *Komm, heiliger Geist (EG 156)*

Wir bitten dich
für alle, denen Inspiration fehlt im Denken und Tun,
für alle, die geistlos daher schwätzen,
für alle, die sich selbst für geistreich halten,
für alle, die ihr Herz nicht sprechen lassen.
Komm, heiliger Geist!

Gesang: *Veni sancte spiritus (Taizé)*
oder: *Komm, heiliger Geist (EG 156)*

Wir bitten dich für alle Ängstlichen,
für alle Übervorsichtigen,
für die, die immer den Mund halten,
für die, die sich nicht selbst zu denken trauen,
für die, die nicht über den Tellerrand sehen.
Komm, heiliger Geist!

Gesang: *Veni sancte spiritus (Taizé)*
oder: *Komm, heiliger Geist (EG 156)*

Wir bitten dich
für die, die bauen und bewahren,
für die, die einreißen und zerstören,
für Eigensüchtige und Gleichgültige,
für Wütende und Resignierte,
für Kraftlose und Erschöpfte:

entzünde in ihnen,
entzünde in uns,
das Feuer deiner göttlichen Liebe,
damit wir dem Leben dienen und nicht dem Tod,
damit wir deine Zeugen sind,
hier und überall,
heute und immer.
Komm, heiliger Geist!

Gesang: *Veni sancte spiritus (Taizé)*
oder: *Komm, heiliger Geist (EG 156)*

Stille
Vaterunser

Abschluss (EG 133, 13)

Richt unser ganzes Leben
allzeit nach deinem Sinn,
und wenn wir's sollen geben
ins Todes Rachen hin,
wenn's mit uns hier wird aus,
so hilf uns fröhlich sterben
und nach dem Tod ererben
des ewgen Lebens Haus.

7 Bisweilen ein Wunder

Gebete in der Trinitatiszeit I

Vier Episoden aus der Apostelgeschichte

1

Apostelgeschichte 6,8–15 und 7,54–60
(auch: zum Gedenktag des Erzmärtyrers Stephanus am 26. Dezember)

Dass wir uns deiner nicht schämen
Herr Jesus Christus,
deinen Nachfolgern ergeht es manchmal wie dir:
Sie werden ausgelacht, beschimpft,
falsch beschuldigt, umgebracht.
Nicht jeder kann standhalten.
Nicht jeder ist mutig.
Nicht jeder riskiert sein Leben.
Dir sei's geklagt.
Dir sei Dank, dass du unsrer Schwachheit auf hilfst.

> Gesang: *Vertraut dem Herrn allezeit/*
> *Notre ame attend le Seigneur (Taizé)*
> oder: *Im Frieden mach uns eins (EG 564 HE)*

Wir bitten dich für alle Menschen,
die ihren Glauben nicht frei leben dürfen,
die in Angst leben,
die heimlich singen, beten, hören und reden müssen,
die Unwürdiges ertragen – und noch mehr.

> Gesang: *Vertraut dem Herrn allezeit/*
> *Notre ame attend le Seigneur (Taizé)*
> oder: *Im Frieden mach uns eins (EG 564 HE)*

Wir bitten dich für alle Menschen,
die andere wegen ihres Glaubens bekämpfen,
die fanatisch sind,
voller Wut und Hass,
denen Liebe, Respekt und Gelassenheit fehlt.

Gesang: *Vertraut dem Herrn allezeit/Notre ame attend le Seigneur (Taizé)*
oder: *Im Frieden mach uns eins (EG 564 HE)*

Wir bitten dich für uns selbst,
dass wir uns deiner nicht schämen,
dass wir erkennen, wann wir reden müssen
und wann wir besser schweigen;
dass wir nicht gleichgültig werden,
dass wir in unserem Reden und Tun glaubwürdig sind.
Darum bitten wir dich!

Gesang: *Vertraut dem Herrn allezeit/*
Notre ame attend le Seigneur (Taizé)
oder: *Im Frieden mach uns eins (EG 564 HE)*

Stilles Gebet
Vaterunser

Abschluss
Alles, was wir tun,
mit Worten oder mit Werken,
das lasst uns tun im Namen unseres Herrn Jesus Christus
und Gott, dem Vater, danken – durch ihn.

2

Apostelgeschichte 8,26–40 (6.n.Trin Pred IV)
(auch: zum Gedenktag des Apostels Philippus am 3. Mai)

Wir trauen uns nicht

Wir sind eigentlich nicht mutig.
Oder stehen wir auf,
machen uns auf die Socken
scheuen weder Mühe noch Weg,
von dir zu sprechen, Jesus,
deine großen Taten zu preisen, Gott?
Wenigstens zu unseren Kindern, Freunden, Nachbarn,
wenn schon nicht zu Fremden, Touristen, Arbeitskollegen!

Wir trauen uns nicht.
Mission hat schlechte Karten
Zu viel wurde Menschen angetan mit bestem Vorsatz.
Und wenn einer fragt: ‚Was glaubst du eigentlich?'
dann winden wir uns und reden uns raus:
Weil wir uns oft so unsicher sind.
Weil uns die richtigen Worte fehlen.
Weil wir Angst haben, übergriffig zu sein
oder politisch unkorrekt
oder einfach: altmodisch …

Nur in der Kirche sprechen wir von dir.
Nur in der Kirche sprechen wir zu dir.
Dabei gibt es viele Gelegenheiten …

> Gesang: *Vertraut dem Herrn allezeit/*
> *Notre ame attend le Seigneur (Taizé)*
> oder: *Im Frieden mach uns eins (EG 564 HE)*

So bitten wir dich heute
für alle Menschen,
die sich sehnen nach einem offenen Wort,
einem Bekenntnis,
einer klaren Auskunft:

Schülerinnen,
Konfirmanden,
Kinder und Enkel,
Freunde und Fremde.

Gesang: *Vertraut dem Herrn allezeit/*
Notre ame attend le Seigneur (Taizé)
oder: *Im Frieden mach uns eins (EG 564 HE)*

Wir bitten dich für alle,
die von dir erzählen,
dich predigen,
dich bekennen,
dir nachfolgen.

Gesang: *Vertraut dem Herrn allezeit/*
Notre ame attend le Seigneur (Taizé)
oder: *Im Frieden mach uns eins (EG 564 HE)*

Wir bitten dich für uns
um mehr Selbstbewusstsein,
um gute Worte,
klare Gedanken,
Einsicht und Verstand:

dass wir niemanden unter Druck setzen,
dass wir niemandem Vorwürfe machen,
dass wir nicht so reden, als hätten wir die Wahrheit gepachtet,
dass wir neugierig sind auf die Meinung und den Glauben der anderen.

Lass uns fähig sein zum Sprechen.
Lass uns nach Verstehen trachten.
Gib uns Mut und Weisheit,
so von dir zu sprechen:
verständlich und verständnisvoll,
vernünftig und voll Freude,
behutsam und vorsichtig.

Gesang: *Vertraut dem Herrn allezeit/*
Notre ame attend le Seigneur (Taizé)
oder: *Im Frieden mach uns eins (EG 564 HE)*

Dein Geist ist es, den wir brauchen, Jesus.
Er weht, wo er will.
Lass ihn auch durch unsere Kirchen wehen.
Lass ihn auch durch unsere Straßen wehen.
Durch unsere Schulklassen.
unsere Büros,
unsere Gespräche am Gartenzaun,
damit, wer mit uns redet,
fröhlich seiner Wege geht.

Gesang: *Vertraut dem Herrn allezeit/*
Notre ame attend le Seigneur (Taizé)
oder: *Im Frieden mach uns eins (EG 564 HE)*

Stille
Vaterunser

Abschluss (EG 395,2)
Vertraut den neuen Wegen
und wandert in die Zeit.
Gott will, dass ihr ein Segen
für seine Erde seid.
Der uns in frühen Zeiten
das Leben eingehaucht,
der wird uns dahin leiten,
wo er uns will und braucht.
(Klaus Peter Hertzsch 1989)

3
Apostelgeschichte 9, 1–19
(auch: zum Gedenktag der Berufung des Paulus am 25. Januar und zum Gedenktag der Apostel Petrus und Paulus am 25. Juni))

Sich ändern
Ach Jesus,
dass auch wir einen Geistesblitz hätten:
wo wir verbissen sind,
wo wir blindlings Pläne verfolgen,
wo wir eigensinnig
uns selbst und andere unglücklich machen!

Gesang: *Vertraut dem Herrn allezeit/*
Notre ame attend le Seigneur (Taizé)
oder: *Im Frieden mach uns eins (EG 564 HE)*

Wir bitten dich für alle,
die meinen im Besitz der Wahrheit zu sein,
die anderen auf die Nerven gehen,
die immer Recht haben wollen,
die eifrig darin sind
zu drangsalieren, zu kränken, zu beleidigen.

Gesang: *Vertraut dem Herrn allezeit/*
Notre ame attend le Seigneur (Taizé)
oder: *Im Frieden mach uns eins (EG 564 HE)*

Wir bitten dich für alle,
die sich um Menschen kümmern,
vor denen man sich ängstigt,
vor denen man zurück weicht,
mit denen keiner etwas zu tun haben will:
Straffällige, Obdachlose, geistig und seelisch Gestörte.
Danke, dass es Menschen gibt,
die sich nicht abwenden, sondern da sein wollen,
gerade für die Schwierigen.

Gesang: *Vertraut dem Herrn allezeit/*
Notre ame attend le Seigneur (Taizé)
oder: *Im Frieden mach uns eins (EG 564 HE)*

Wir bitten dich für alle,
die ihr Leben ändern wollen,
um das Gute zu tun:
dass man ihnen glaubt und Vertrauen schenkt,
dass sie eine Chance bekommen,
dass sie nicht mutlos werden, wenn etwas schief geht,
dass sie Beistand und Rückhalt finden.

Gesang: *Vertraut dem Herrn allezeit/*
Notre ame attend le Seigneur (Taizé)
oder: *Im Frieden mach uns eins (EG 564 HE)*

Stilles Gebet
Vaterunser

Abschluss
In deine Hände legen wir alles:
unsere Unordnung und unsere Ordnung,
unser Versagen und unser Gelingen,
unsere Zweifel und unseren Glauben.
Du bringst alles ans Ziel.

4
Apostelgeschichte 10 (3.Sonntag nach Epiphanias Pred VI; Ostermontag Pred VI + E; auch: zum Gedenktag der Apostel Petrus und Paulus am 25. Juni)

Über die Schwelle
Über die Hemmschwelle.
Über die Ekelschwelle.
Über die Türschwelle.
Über den eigenen Schatten.
Über Sprachbarrieren hinweg …

Nicht so einfach das Ganze.
Man hat seine Vorurteile.
Man hat seinen persönlichen Geschmack.
Und seine liebgewordenen Abneigungen,
die hat man auch!

Ach Jesus,
bisweilen wirkt dein Geist ein Wunder.
Könnte nicht ein klitzekleines
gelegentlich auch bei uns geschehn?

Dass Menschen hinauswachsen über sich selbst,
ungeahnten Mut aufbringen,
Hände reichen,
Zäune einreißen,
Angst bezwingen,
gemeinsam an einen Tisch …
Zu schön, um wahr zu sein?

Gesang: *Vertraut dem Herrn allezeit/*
Notre ame attend le Seigneur (Taizé)
oder: *Im Frieden mach uns eins (EG 564 HE)*

Wir bitten dich
für alle, die sich bekehren,
für alle, die dich bekennen,

für alle, die andere einladen,
für alle, die gern bei anderen zu Gast sind.

Wir bitten dich
um Interesse,
um Verständnis,
um Nachsicht,
um gegenseitiges Ertragen,
um gegenseitiges Verzeihen.

Gib, dass wir einander lassen können.
Gib, dass wir einander annehmen
und aufhören, aneinander herum zu zupfen
oder noch Ärgeres.
Gib uns Sicherheit, die Fremdes zulassen kann,
Mut zum deutlichen Wort,
Mut zu Ehrlichkeit,
deinen Mut
und etwas von deinem wunderbaren Humor!

> Gesang: *Vertraut dem Herrn allezeit/*
> *Notre ame attend le Seigneur (Taizé)*
> oder: *Im Frieden mach uns eins (EG 564 HE)*

Abschluss (EG 639 HE)

Wo ein Mensch den andern sieht,
nicht nur sich und seine Welt,
fällt ein Tropfen
von dem Regen,
der aus Wüsten Gärten macht.

Wo ein Mensch sich selbst verschenkt
und den alten Weg verlässt,
fällt ein Tropfen
von dem Regen,
der aus Wüsten Gärten macht.
(Hans-Jürgen Netz 1975)[3]

3 Text: Hans-Jürgen Netz: Strophen 2 und 3 aus: Wo ein Mensch Vertrauen gibt © tvd-Verlag, Düsseldorf.

8 Glaube – Hoffnung – Liebe

Gebete in der Trinitatiszeit II

Aus den Briefen des Apostels Paulus

1

1. Thessalonicherbrief 1,1–10 (14. Sonntag nach Trinitatis Pred IV)

Deine Gaben legst du in uns

Guter Gott, lieber Vater im Himmel,
mit Glaube, Liebe und Hoffnung hast du auch uns beschenkt.
Bloß, dass wir das nicht immer merken.
Bloß, dass wir das manchmal vergessen.
Bloß, dass wir uns selbst oft zu wenig zutrauen.

> Gesang: *Oculi nostri ad Dominum Deum (Taizé, EG 789.5 HE)*
> oder: *Die Gott suchen (EG 176.2)*

Deshalb bitten wir dich
für alle, denen es schwer fällt an deine Güte zu glauben,
für alle, die nur der eigenen Stärke vertrauen,
für alle, die sich schämen, offen zu dir und deiner Gemeinde zu stehen.

> Gesang: *Oculi nostri ad Dominum Deum (Taizé, EG 789.5 HE)*
> oder: *Die Gott suchen (EG 176.2)*

Wir bitten dich
für alle, die in ihrer Liebe unglücklich sind,
für alle, deren Liebe matt und kraftlos geworden ist,
für alle, die keinen Menschen haben, der sie liebt.

> Gesang: *Oculi nostri ad Dominum Deum (Taizé, EG 789.5 HE)*
> oder: *Die Gott suchen (EG 176.2)*

Wir bitten dich
für alle, deren Hoffnungen enttäuscht worden sind,
für alle, deren Hoffen an Ungeduld krankt,
für alle, die ihrer Verzweiflung mehr als ihrer Hoffnung trauen.

Stilles Gebet
Vaterunser

Abschluss
Glaube, Hoffnung, Liebe, Gott,
kommen von dir.
Nimmermüde legst du deine Gaben
in unsere Herzen und Sinne.
Gib, dass wir Verstand haben,
etwas Gutes damit zu beginnen.
Gib, dass wir in unserem Glauben, Lieben und Hoffen
Boten deiner Güte für andere Menschen sind.
Du wirkst das Wollen und Vollbringen.

2
1. Korinther 9, 19–27 (2. Sonntag nach Trinitatis Pred VI; Septuagesimä Ep)

Unterwegs auf den Straßen des Lebens
Guter Gott,
wir bitten dich für alle,
die unterwegs sind auf den Straßen des Lebens
und auf ihnen umkommen können:
für Raser auf der Autobahn und Betrunkene am Steuer,
für Menschen mit seelischer Krankheit,
für Jugendliche ohne Rückhalt und Ziel,
für alle, die am Leben verzweifeln und Schluss machen wollen;
für überforderte Familien,
für Paare, deren Zuneigung sich in Gleichgültigkeit verkehrt hat,
für alle, die keinen haben, der sie liebt.
Gut ist es, auf dich, Gott, zu vertrauen und zu hoffen

Gesang: *Oculi nostri ad Dominum Deum (Taizé, EG 789.5 HE)*
oder: *Die Gott suchen (EG 176.2)*

Wir bitten dich für alle, die unterwegs sind auf den Straßen des Lebens
um zu helfen, zu heilen, Unheil abzuwenden:
für Unfallhelfer, Ärzte, Seelsorgerinnen,
für Erzieher, Lehrerinnen, Therapeuten,
für Sozialarbeiter, Polizisten, Pfarrerinnen.
Die Not ist groß – allerwärts.
Gut ist es, auf dich, Gott, zu vertrauen und zu hoffen

Gesang: *Oculi nostri ad Dominum Deum (Taizé, EG 789.5 HE)*
oder: *Die Gott suchen (EG 176.2)*

Gib uns etwas, Gott,
von der Menschlichkeit unseres Bruders Paulus:
die Sprache sprechen, die unser Gegenüber versteht,
sich einlassen können auf fremde Sitten und Bräuche,
anderen auf Augenhöhe begegnen, nicht von oben herab,
in jedem Menschen dein Ebenbild sehen.
Gut ist es, auf dich, Gott, zu vertrauen und zu hoffen.

Gesang: *Oculi nostri ad Dominum Deum (Taizé, EG 789.5 HE)*
oder: *Die Gott suchen (EG 176.2)*

Stilles Gebet
Vaterunser

Abschluss
Liebe deinen Nächsten, er ist wie du.
So hat Christus es uns geboten.
Es kann ganz leicht sein.
Es kann ganz schwer sein.
Unser Gelingen und unser Versagen
legen wir in Gottes Hände.
Er bringt alles ans Ziel.

3
1.Korinther 12, 4–6. 12–27 (Pfingstmontag Ep i. A. + E)

Glauben, dass es gut so ist
Gott,
du hast Gaben und Kräfte deiner Geschöpfe
nach deinem Ratschluss verteilt.
Lass uns glauben können, dass es gut so ist.

Gesang: *Oculi nostri ad Dominum Deum (Taizé, EG 789.5 HE)*
oder: *Die Gott suchen (EG 176.2)*

Wir bitten dich um empfindsame Sinne und wachen Verstand,
dass wir wahrnehmen und dankbar annehmen können,
mit welchen Fähigkeiten du uns begabt hast.
Dass wir uns unserer Stärken freuen und sie zu Gutem gebrauchen,
dass wir mit unseren Schwächen nicht hadern,
sondern über sie lachen können.
Lass uns glauben können, dass es gut so ist.

Gesang: *Oculi nostri ad Dominum Deum (Taizé, EG 789.5 HE)*
oder: *Die Gott suchen (EG 176.2)*

Wir bitten dich um Geduld mit anderen Menschen und mit uns selbst,
dass wir uns nicht überfordern,
dass wir uns nicht gering schätzen,
dass wir Möglichkeiten ergreifen
und von Unmöglichem Abstand nehmen.
Lass uns glauben können,dass es gut so ist.

Gesang: *Oculi nostri ad Dominum Deum (Taizé, EG 789.5 HE)*
oder: *Die Gott suchen (EG 176.2)*

Wir bitten dich um Ungeduld
mit ungerechten Zuständen,
mit lebensfeindlichen Strukturen,
mit Hochmut und Besserwisserei,
mit Ignoranz und Bevormundung.

Lass uns glauben können,
dass nichts davon so bleiben muss, wie es ist.

Gesang: *Oculi nostri ad Dominum Deum (Taizé, EG 789.5 HE)*
oder: *Die Gott suchen (EG 176.2)*

STILLE

Vaterunser

ABSCHLUSS

Unser Glauben, Hoffen und Lieben,
unser Unvermögen, unsere Zweifel und Niederlagen
legen wir in deine Hände, Gott.
Mach etwas Gutes daraus!
Du kannst es!

4
Römerbrief 12,1–2 (3–8) (1. Sonntag nach Epiphanias Ep)

Verstrickt in die Dinge dieser Welt
Unser ganzes Leben: Hingabe an dich, Gott!
Wer von uns könnte das,
wer von uns wollte das,
und warum überhaupt?

Vielleicht, weil du dich an uns Menschen hin gibst?
Vielleicht weil es das Schönste wäre: du in mir und ich in dir?
Vielleicht, weil es dann Ruhe fände, unser unruhiges Herz?

Gott im Himmel, wir sind nicht so,
wie unser Bruder Paulus uns gern hätte!
Verstrickt sind wir in die Dinge dieser Welt:
sorgen uns um unsre Kinder, unsere Enkel, Eltern, Freunde,
kämpfen um Auskommen, Gesundheit, Liebe,
hadern mit unseren Niederlagen,
zweifeln an unseren Fähigkeiten.

> Gesang: *Oculi nostri ad Dominum Deum (Taizé, EG 789.5 HE)*
> oder: *Die Gott suchen (EG 176.2)*

Wir bitten dich, Gott, um Gelassenheit
im Umgang mit unseren Vorgesetzten, Nachbarn, Kollegen,
mit Gegnern und Konkurrenten.
Sie sind Menschen. Wie wir.
In deinen Augen gleich wert.
Gleich liebenswert.
Unfassbar der Gedanke!

> Gesang: *Oculi nostri ad Dominum Deum (Taizé, EG 789.5 HE)*
> oder: *Die Gott suchen (EG 176.2)*

Wir bitten dich, Gott,
um Kampfgeist und Mut, wenn wir Unrecht sehen;
um Feingefühl, wenn wir Verletzungen spüren;

um das rechte Wort und den rechten Ton,
wenn wir uns einmischen in Dinge, die uns etwas angehen.

Gesang: *Oculi nostri ad Dominum Deum (Taizé, EG 789.5 HE)*
oder: *Die Gott suchen (EG 176.2)*

In dieser Welt leben,
sie lieben, ohne sich ihr gleich zu stellen – es ist so schwer!
Zu wissen, was gut, wohlgefällig und vollkommen ist,
zu wissen, was du, Gott, von uns willst!
Manchmal ist es ganz klar.
Manchmal ist es ganz unklar.
Oft wollen wir das Gute, aber es gelingt uns nicht.
Du bist unsere Hoffnung, Gott, auf dich vertrauen wir.

Gesang: *Oculi nostri ad Dominum Deum (Taizé, EG 789.5 HE)*
oder: *Die Gott suchen (EG 176.2)*

Stilles Gebet
Vaterunser

Abschluss
Unser ganzes Leben, Gott –
und diesen Tag
die Freude
die Last
die Zuversicht
den Schmerz
alles legen wir in deine Hände,
mach damit, was du willst.

5
1. Korintherbrief 13 (Estomihi Ep)

Sternstunden unseres Lebens
Was einmal von uns bleibt?
Von unserem kurzen Leben,
das schnell dahin fährt,
als flögen wir davon?
Etwas, wovon unsere Nachkommen zehren:
Glaube, der verlässlich trägt,
Hoffnung, die nicht zu Schanden wurde,
Liebe, uneigennützig und stark wie der Tod?
Weiß der Himmel!

Gesang: *Oculi nostri ad Dominum Deum (Taizé, EG 789.5 HE)*
oder: *Die Gott suchen (EG 176.2)*

Schöner hat keiner von der Liebe gesprochen
als unser Bruder Paulus.
Schöner kann man es nicht hören
am Hochzeitstag, beim Jubelfest, am Grab.
„… glaubt alles, hofft alles, duldet alles … hört nie auf!"
Wer hätte solche Liebe, Gott?
Wir doch nicht!

Oder doch – manchmal.
In den Sternstunden unseres Lebens
Lieben wir
langmütig,
freundlich,
selbstlos und ohne Bitterkeit.

Gesang: *Oculi nostri ad Dominum Deum (Taizé, EG 789.5 HE)*
oder: *Die Gott suchen (EG 176.2)*

In den Sternstunden unseres Lebens, Gott,
lieben wir wie du:
glücklich und ohne Vorbehalt.

In den Sternstunden unseres Lebens
Lieben wir
unsere Kinder,
unsere Gefährten,
unsere Nächsten,
und sogar uns selbst
so, wie du uns liebst:
mit Haut und Haar,
vollkommen,
ganz.

Gesang: *Oculi nostri ad Dominum Deum (Taizé, EG 789.5 HE)*
oder: *Die Gott suchen (EG 176.2)*

Immer aber müssen wir dich bitten,
dass du uns solche Stunden schenkst.
Wir sehnen uns danach.
Wir strecken uns danach.
Wir hoffen und glauben und warten,
dass der Zauber uns ergreift,
dass die Liebe in uns wohnt,
dass du selbst in uns wohnst,
und Menschen aus uns machst nach deinem Bild.

Gesang: *Oculi nostri ad Dominum Deum (Taizé, EG 789.5 HE)*
oder: *Die Gott suchen (EG 176.2)*

Wir bitten dich für alle,
die ihren Glauben für unerschütterlich halten,
ihre Hoffnung für stark,
ihre Liebe für unsterblich.

Gesang: *Oculi nostri ad Dominum Deum (Taizé, EG 789.5 HE)*
oder: *Die Gott suchen (EG 176.2)*

Wir bitten dich für alle,
denen es im Leben um ganz anderes geht:
um Geld, um Macht, um Einfluss und Ansehen,

die meinen, Glück könne man kaufen,
Zuneigung notfalls mit Zwang …

Gesang: *Oculi nostri ad Dominum Deum (Taizé, EG 789.5 HE)*
oder: *Die Gott suchen (EG 176.2)*

Wir bitten dich für die Liebenden,
für alle, die ihr Glück mit anderen teilen,
für alle, deren Liebe erkaltet ist,
für alle, die nicht wissen, was Liebe ist,
für alle, die sich vergeblich nach Liebe sehnen.

Gesang: *Oculi nostri ad Dominum Deum (Taizé, EG 789.5 HE)*
oder: *Die Gott suchen (EG 176.2)*

Stilles Gebet
Vaterunser

Abschluss (EG 413,8)
O Herr Christ, deck zu unsre Sünd
und solche Lieb in uns anzünd,
dass wir mit Lust dem Nächsten tun,
wie du uns tust, o Gottes Sohn.

6
2.Korintherbrief 4,6–10 (letzter Sonntag nach Epiphanias Ep)

Verletzlich, wie wir sind
Ein heller Schein im Herzen:
hatte ich so etwas schon einmal?
Glücksmoment?
Geistesblitz?
Aha-Erlebnis? – O ja!

Dir geht etwas auf.
Du verstehst endlich..
Du bist klüger geworden.
Manchmal sogar: glücklicher.

Das Leben bringt dir vieles bei:
dass du dich anpasst,
dass du den Mund hältst,
dass du dich zufrieden gibst,
dass du nicht zu viel verlangst,
dass alles schon immer so war
und möglichst so bleiben soll.

Gott
bringt dir etwas anderes bei.
Ein heller Schein in dein Herz:
dass du redest und schweigst zur rechten Zeit,
dass du aufbegehrst gegen Unrecht und Gewalt,
dass du viel erwarten darfst,
dass nichts so bleiben muss, wie es ist.

Gesang: *Oculi nostri ad Dominum Deum (Taizé, EG 789.5 HE)*
oder: *Die Gott suchen (EG 176.2)*

Durch die Risse im Gefäß
leuchtet es.
Nichts muss perfekt sein.
Nichts gibt es ohne Beschädigung.

Deine Verletzungen,
deine Niederlagen
machen dich
dünnhäutig,
durchsichtig,
durchlässig,
kostbar
für ihn, deinen Gott.

Gesang: *Oculi nostri ad Dominum Deum (Taizé, EG 789.5 HE)*
oder: *Die Gott suchen (EG 176.2)*

Wir bitten dich, Gott,
dass wir uns selbst annehmen und gut finden können:
zerbrechlich,
verletzlich,
beschädigt, wie wir sind.

Lass dein Licht leuchten
für uns,
durch uns.
Das Leben kann uns mitspielen, böse und hinterrücks.
Du hältst uns aufrecht,
du leuchtest uns heim.

Gesang: *Oculi nostri ad Dominum Deum (Taizé, EG 789.5 HE)*
oder: *Die Gott suchen (EG 176.2)*

Wir bitten dich für alle,
die sich bedrängt fühlen,
die sich ängstigen,
die unter Verfolgungswahn leiden,
die verfolgt werden,
Opfer von Mobbing und Stalking,
Ausgelachte,
Fertiggemachte,
Menschen, die unterdrückt werden,
Menschen, die andere unterdrücken.

Und für alle, die sich nicht unterkriegen lassen,
die aufrecht bleiben,
unbeugsam,
treu bis in den Tod.

Gesang: *Oculi nostri ad Dominum Deum (Taizé, EG 789.5 HE)*
oder: *Die Gott suchen (EG 176.2)*

Für alle, die in diesen Tagen sterben,
bitten wir dich,
für alle, die in diesen Tagen geboren werden
und für alle, die anderen helfen:
beim Sterben,
zum Leben.

Gesang: *Oculi nostri ad Dominum Deum (Taizé, EG 789.5 HE)*
oder: *Die Gott suchen (EG 176.2)*

STILLES GEBET

Vaterunser

ABSCHLUSS

Unser Gelingen, unser Versagen,
unser Glauben, Hoffen, Lieben
und alles, was uns daran hindert,
legen wir in deine Hände, Gott,
und sorgen uns um nichts.

9 Geduldig und von großer Güte

Gebete in der Trinitatiszeit III

Zum Buch Jona

1

Jona 1,1–2,1

Selbst bestimmen

Ausweichen.
Weglaufen.
Sich drücken.
Den Kopf in den Sand.
Weg – ans äußerste Meer.
Nach Tarsis.
Oder ans Ende der Welt – egal!

Du möchtest es dir aussuchen.
Du möchtest selbst bestimmen, wo dein Platz ist
und wofür du deine Kräfte verbrauchst.
Eine Stimme von woanders,
„Mach dich auf! Geh!"
oder so ähnlich –
eine solche Stimme kannst du nicht brauchen.

Aber das Leben zwingt dir auf, was du nicht wolltest.
Gott? Vielleicht …
Die Stürme kommen unverhofft.
Der Wind steht dir entgegen,
du hast ihn nicht bestellt.
Deine Ausflüchte bringen andere in Bedrängnis.
Das hast du nicht gewollt.
Du gibst klein bei.
Dein Tiefpunkt ist erreicht.

Gesang: *Kyrie eleison (Taizé, EG 178.12)*

Ach Gott, wir bitten dich
für alle Menschen, die auf der Flucht sind:
vor schwierigen Aufgaben,
vor drängenden Problemen,
vor eigenen Versäumnissen,
vor einer inneren Stimme,
vor sich selbst.

Gesang: *Kyrie eleison (Taizé, EG 178.12)*

Wir bitten dich für alle,
die auf der Flucht sind vor dir.
Manchmal wissen sie es nicht einmal.
Für alle, die nicht an dich glauben.
Für alle, denen du egal bist.
Für alle, die genau wissen, was zu tun wäre
und untätig bleiben.
Für alle, denen alles zu anstrengend ist oder zu riskant.
Für alle, die meinen, jeder sei selbst seines Glückes Schmied.

Gesang: *Kyrie eleison (Taizé, EG 178.12)*

Auf deiner großen Erde, Gott,
sind viele Menschen auf der Flucht:
manche aus Not und Gefahr,
manche aus Angst,
manche auf der Suche nach einem anderen Leben,
manche ohne erkennbaren Grund.

Du, Gott hast sie alle im Blick.
Du weißt, was sie nötig haben.
Du weißt, was gut ist für einen jeden.
Du weißt, wen du für deine Ziele brauchst.

Erbarme dich über uns alle!

Gesang: *Kyrie eleison (Taizé, EG 178.12)*

Stilles Gebet

Vaterunser

Abschluss (EG 584,1 HE)

Meine engen Grenzen,
meine kurze Sicht
bringe ich vor dich.
Wandle sie in Weite:
Herr erbarme dich.
(Eugen Eckert 1981)[4]

4 Text: Eugen Eckert © Lahn-Verlag in der Butzon & Bercker GmbH, Kevelaer, www.lahn-verlag.de

2
Jona 2

Am Tiefpunkt
Drei Tage, drei Nächte am Tiefpunkt:
in der Tiefe des Fischbauchs,
in der Tiefe des Meeres,
in Grabestiefe gleichsam,
gerettet,
in der Tiefe,
aus der Tiefe das „Zeichen des Jona“:
Auferstehung!
O Herr Jesus Christus!

Gesang: *O Christe Domine Jesu (Taizé)*
oder: *Kyrie eleison (EG 178.12)*

In der Tiefe: Dunkelheit.
In der Tiefe: Stille.
Allein mit sich selbst.
Allein mit Gott:
kein Ausweichen mehr,
keine Ausflüchte,
kein Entkommen.

Ich muss mich stellen:
meinen Verdrängungen,
meinen Verletzungen,
meinen Versäumnissen,
meinem Versagen,
meinen Niederlagen,
meiner Schuld.
O Herr Jesus Christus!

Gesang: *O Christe Domine Jesu (Taizé)*
oder: *Kyrie eleison (EG 178.12)*

Wir bitten dich für alle Menschen,
die auf der Flucht sind vor den Herausforderungen ihres Lebens,
die ängstlich sind oder feige,
die sich überfordert fühlen,
die ihre Bequemlichkeit lieben,
die sich nichts zutrauen,
die dir nichts zutrauen, Gott –
O Herr Jesus Christus!

Gesang: *O Christe Domine Jesu (Taizé)*
oder: *Kyrie eleison (EG 178.12)*

Wir bitten dich für alle,
die auf der Flucht sind vor Hunger und Aussichtslosigkeit,
die ein besseres Leben suchen,
ein Boot besteigen,
übers Meer wollen,
nirgends ankommen, ertrinken,
tausende bereits auf dem Grund des Mittelmeers,
kein rettender Fisch,
kein rettendes Land,
keine rettenden Hände.
Niemand will zuständig sein!
O Herr Jesus Christus!

Gesang: *O Christe Domine Jesu (Taizé)*
oder: *Kyrie eleison (EG 178.12)*

Wir bitten dich für alle,
deren ganzes Leben am Tiefpunkt ist:
Menschen, in sich selbst verschlossen,
Menschen, verzweifelt außer sich,
Menschen in Käfigen aus Gold,
Menschen in Abschiebehaft,
Menschen in Sicherheitsverwahrung,
Menschen in geschlossenen Abteilungen der Psychiatrie.
O Herr Jesus Christus!

Gesang: *O Christe Domine Jesu (Taizé)*
oder: *Kyrie eleison (EG 178.12)*

Stille
Vaterunser

Abschluss (EG 638,1 HE)
Ich lobe meinen Gott,
der aus der Tiefe mich holt, damit ich lebe!
Ich lobe meinen Gott,
der mir die Fesseln löst, damit ich frei bin!
Ehre sei Gott auf der Erde,
in allen Straßen und Häusern,
die Menschen werden singen,
bis das Lied zum Himmel steigt:
Ehre sei Gott und den Menschen Frieden,
Frieden auf Erden!
(Hans-Jürgen Netz 1979)[5]

So soll es ein. Amen

5 Text: Hans-Jürgen Netz: Strophe 1 aus: Ich lobe meinen Gott, der aus der Tiefe mich holt © tvd-Verlag, Düsseldorf.

3
Jona 2,11–3,10

Nicht konsequent
Ach Gott im Himmel!
Könntest du nicht konsequenter sein?
Klare Tatsachen schaffen?
Die Bosheit ein für alle Mal aus der Welt?
Das Unkraut vom Weizen getrennt?
Gut und Böse übersichtlich auseinander sortiert?

Es ist einfach nicht deine Art!
Du bist nicht so, wie Jona dich gern hätte.
Du bist nicht so, wie wir dich gern hätten.
Einfach nicht gerecht!

Gnädig bist du, barmherzig, langmütig
und von großer Güte.
Du änderst deine Meinung.
Du bereust deine Pläne.
Was bist du nur für ein Gott!

Von Glück können wir sagen,
dass du so bist.
Wer könnte sonst vor dir bestehen?
Größer als dein gerechter Zorn ist deine Liebe
zu allen deinen Geschöpfen.
Dafür danken wir dir.
und loben dich immer und ewig!

So bitten wir dich
für alle, die sorglos dahin leben,
nicht nach rechts und links schauen,
nichts von Gestern wissen wollen,
nicht an Morgen denken,
denen nur der Augenblick gilt,

Gesang: *Kyrie eleison (Taizé, EG 178.12)*

Wir bitten dich für alle,
die in ständiger Sorge leben,
die nichts genießen können,
die an allem nur die Schattenseite sehen,
für die alles Schöne einen Makel hat,

Gesang: *Kyrie eleison (Taizé, EG 178.12)*

Wir bitten dich für alle,
die Barmherzigkeit für Schwäche halten,
die am Buchstaben des Gesetzes kleben,
die keine Großmut kennen,
die den eigenen Schatten nicht sehen.

Gesang: *Kyrie eleison (Taizé, EG 178.12)*

Wir bitten dich für uns:
um klare Einsicht,
um rechtes Maß,
um Liebe zu deinen Geschöpfen,
um Zufriedenheit,
um das rechte Wort zur rechten Zeit,
um Klugheit zum Schweigen,
um Lachen,
um Weinen,
um Lebendigkeit in Gedanken, Worten und Werken.

Gesang: *Kyrie eleison (Taizé, EG 178.12)*

STILLE
Vaterunser

Abschluss (EG 404, 1)

Herr Jesu, Gnadensonne,
wahrhaft'ges Lebenslicht,
mit Leben, Licht und Wonne
wollst du mein Angesicht
nach deiner Gnad erfreuen
und meinen Geist erneuen;
mein Gott, versag mir's nicht.

4
Jona 4

Wenn ich mich über dich ärgere, Gott …
Wenn ich mich über dich ärgere, Gott,
wenn ich enttäuscht bin – wie Jona zum Beispiel,
dann bete ich doch nicht!
Meinen Frust fresse ich in mich hinein.
Oder ich lasse meinen Ärger an anderen aus.
Ich denke dann auch:
Vielleicht gibt es dich gar nicht –
so wie die Dinge stehen.

Wenn es dich gäbe, Gott,
dann müsstest du …
dann kannst du doch nicht …
dann solltest du endlich …
dann würdest du doch wohl …

Gesang: *Kyrie eleison (Taizé, EG 178.12)*

Mein verdammtes Bild von dir.
Und du stimmst damit einfach nicht überein!
Da könnte ich viele Beispiele nennen:
Dass guten Menschen Böses widerfährt
und es den größten Bösewichtern wohl ergeht.
Dass Erdbeben Unschuldige unter sich begraben
und Sturmfluten eine Küste verheeren.
Dass Menschen einfach verschwinden
und Verbrechen nicht aufgeklärt werden.
Dass überall das Geld regiert –
wo bleibt deine Macht?

Gesang: *Kyrie eleison (Taizé, EG 178.12)*

Die ganze irdische Unordnung, Gott,
du räumst nicht damit auf.
Jedenfalls nicht so, wie ich es gern sähe.

Du tust es einfach nicht.
Du bist mir ein Rätsel.

Gesang: *Kyrie eleison (Taizé, EG 178.12)*

Das Unkraut wächst neben dem Weizen.
Das Böse breitet sich aus
Dein Prophet macht sich lächerlich.
Unbegreiflich,
dass du das alles seinen Gang gehen lässt!

Gesang: *Kyrie eleison (Taizé, EG 178.12)*

Ich weiß, es ist dir nicht alles egal.
Der Schmerz deiner Geschöpfe ist dein Schmerz.
Unrecht und Gewalt machen dir etwas aus.
Du bist nicht unbeteiligt.
Du bist mitten unter uns.

Gesang: *Kyrie eleison (Taizé, EG 178.12)*

Du denkst an uns Menschen,
beschränkt und unbelehrbar wie wir sind.
Manche wissen nicht was rechts und links,
was gut und böse ist.
Du denkst sogar an die Tiere.
Ihr Schrei, ihr Leid berührt dein Herz.
Du willst, dass wir es dir nachtun.
Du traust uns viel zu.
Barmherzig sein statt bloß gerecht
(oder was wir so dafür halten).
Liebe üben.
Da gibt es viel zu tun.
Viel zu „üben".

Gesang: *Kyrie eleison (Taizé, EG 178.12)*

Stilles Gebet

Vaterunser

Abschluss

Steh uns bei, Gott.
Lass uns nicht allein.
Erweiche das steinerne Herz.
Erleuchte den Verstand.
Dein Geist in unser Denken und Fühlen,
in unser Reden und Tun!

10 Zeit der Engel

Gebete in der Trinitatiszeit IV
(vor, an und nach Michaelis/29. September)

1

Genesis 22,1–14 (15–18)
„Da rief ihn der Engel des Herrn vom Himmel …“

Was man niemandem wünscht
Eine furchtbare Geschichte.
Ich stelle mir vor, dass sein Haar nach diesem Erlebnis weiß war.
Dass er seiner Frau, der Mutter des Jungen, niemals davon erzählt hat.
Wie konnte man glauben, dass Gott hinter dieser Versuchung stand?

Vielleicht ist es egal, wie jemand auf solche Gedanken kommt:
das eigene Kind opfern!
Wie viele Kinder wurden schon geopfert
auf anderen Altären:
im Straßenverkehr,
im Geschäftsleben.
Der Tradition geopfert,
einer Sucht geopfert,
den Wunschvorstellungen von Eltern,
einem vermeintlichen Gott –
einem Götzen.

Gesang: *Kyrie eleison (aus EG 178.9–12)*

Aber: ein Engel
Stimme vom Himmel,
Bote von Gott:
‚Tu dem Knaben nichts.‘

Gesang: *Kyrie eleison (aus EG 178.9–12)*

Stimme vom Himmel,
dem, der Ohren hat:
Halt ein.
Lass es.
Lege keine Hand an.
Keine Fessel.
Keine Gewalt.

Gesang: *Kyrie eleison (aus EG 178.9–12)*

Gott –
rätselhaft bist du!
Schrecklich kannst du uns erscheinen
in den Kämpfen unseres Lebens

Lass deine Engel um uns sein,
im Weg stehen,
nein sagen,
hart bleiben,
wenn wir unser Liebstes gefährden,
wenn wir an den Tod glauben,
statt dem Leben zu dienen

Gesang: *Kyrie eleison (aus EG 178.9–12)*

Lass deine Engel um uns sein,
wenn wir der Stimme unseres Herzens nicht trauen,
wenn wir blind Gehorsam leisten,
wenn Dinge passieren, die zu viel für uns sind.

Gesang: *Kyrie eleison (aus EG 178.9–12)*

Lass deine Engel um uns sein:
Himmelsworte,
heilsamen Einspruch.
Gib deinen Frieden in der Menschen Herz,
deine Lebenslust,
deine Freundlichkeit.

Gesang: *Kyrie eleison (aus EG 178.9–12)*

Stilles Gebet

Vaterunser

Abschluss (EG 430,3)

Gib Frieden, Herr, wir bitten!
Du selbst bist, was uns fehlt.
Du hast für uns gelitten,
hast unsern Streit erwählt,
damit wir leben könnten,
in Ängsten und doch frei,
und jedem Freude gönnten,
wie feind er uns auch sei.
(Jürgen Henkys 1980/Jan Nooter 1963)[6]

6 Deutscher Text: Jürgen Henkys © Strube Verlag, München.

2
Genesis 28,10–19a
„… und siehe, die Engel Gottes stiegen daran auf und nieder.“

Bisweilen im Traum
Wir können dich nicht sehen, Gott,
nicht von Angesicht zu Angesicht.
Wer dich sieht, muss sterben, heißt es.
Aber im Traum zeigst du dich bisweilen,
herrlich oder schrecklich,
tröstlich oder rätselhaft.
In deinen Boten erscheinst du uns,
den leichtesten, den leisesten deiner Geschöpfe.

Gesang: *Sanctus (Taizé EG 570 HE)*
oder: *Danket dem Herrn und lobsingt seinem Namen (EG 605 HE)*

Engel – hinauf und hinab.
Erstaunlich: hinauf? Wie das?
Waren sie etwa immer schon da?
Haben sie den Flüchtling, den Getriebenen,
von allen Seiten umgeben, ohne dass er es wusste?
Haben ihn beschützt, geleitet,
Hände über ihm
nachts und am Tag?

Gesang: *Sanctus (Taizé EG 570 HE)*
oder: *Danket dem Herrn und lobsingt seinem Namen (EG 605 HE)*

Behütet gehen.
Einen Schutzengel über sich, unter sich, um sich herum.
Durchs finstere Tal aus Sorge, Angst, Schuld.
Durch Feuer und Wasser,
Tränen und Schweiß.
Durch die Wüste.
Durch Einsamkeit und Gefahr.

Dein Engel:
Schutz und Schirm in allem Argen,
Stärke und Hilfe zu allem Guten.

Gesang: *Sanctus (Taizé EG 570 HE)*
oder: *Danket dem Herrn und lobsingt seinem Namen (EG 605 HE)*

Lass deine Engel um uns sein, Gott,
bei Tag und bei Nacht.
Gib Gewissheit in unser geängstetes Herz.
Gib uns Mut zum nächsten Schritt.
Wir bitten dich.

Gesang: *Sanctus (Taizé EG 570 HE)*
oder: *Danket dem Herrn und lobsingt seinem Namen (EG 605 HE)*

Lass deine Engel um uns sein,
leichtfüßig, leichthändig, leichten Sinns
zwischen Himmel und Erde.
Deine Boten,
die uns bewahren,
die uns widersprechen,
die uns ausrichten auf dich,
unseren Anfang, unser Ende – unser Ziel:
Du selbst
in den leichtesten, den leisesten deiner Geschöpfe.

Gesang: *Sanctus (Taizé EG 570 HE)*
oder: *Danket dem Herrn und lobsingt seinem Namen (EG 605 HE)*

Stilles Gebet
Vaterunser

Abschluss (EG 142,6)

Lass deine Engel um uns sein;
Durch sie geleite groß und klein,
bis wir mit ihnen dort im Licht
einst stehn vor deinem Angesicht.
(Ernst Hofmann 1975)[7]

3
Lukas 1,26–38
„… der Engel kam zu ihr hinein und sprach: Sei gegrüßt, du Begnadete! Der Herr ist mit dir!"

Ave Maria
Diese unzeitigen Kinder!
Die eine Mutter zu jung.
Die andere Mutter zu alt.
Jede ein Gespött für ihre Umgebung.
Das muss doch heutzutage nicht mehr sein!
Da gibt es doch Lösungen!
Unkompliziert und schmerzfrei, nahezu jedenfalls …

> Gesang: *O Christe Domine Jesu (Taizé)*
> oder: *Meine Seele erhebt den Herren (EG 310)*

„Ave Maria" –
Wunschlied zur Hochzeit und auf dem Friedhof,
Franz Schubert vor allem,
zum Weinen schön!
Aber das Original,
das aus der Bibel,
das Ave Maria für ein unzeitiges Kind –
wer wünscht sich das?

> Gesang: *O Christe Domine Jesu (Taizé)*
> oder: *Meine Seele erhebt den Herren (EG 310)*

Kein Wunschkind dieser Junge.
Trotzdem:
Heil der Welt.
Sohn des Höchsten.
Ein Königskind.
Unglaublich!
Ave Maria – „voll der Gnaden"!

Gesang: *O Christe Domine Jesu (Taizé)*
oder: *Meine Seele erhebt den Herren (EG 310)*

Lass deine Engel um uns sein,
deine Engel, Gott!
Jemand, der in schwierigen Stunden sagt: ‚Begnadet bis du.'
Jemand, der uns stärkt für die Zumutungen unseres Lebens:
Für das Unerwünschte.
Für das nicht Geplante.
Für unliebsame Überraschungen.
Für ungeahntes Glück.

Gesang: *O Christe Domine Jesu (Taizé)*
oder: *Meine Seele erhebt den Herren (EG 310)*

Lass deine Engel um uns sein.
Wenigstens einen für jede, für jeden.
Jemand, der uns Mut macht zu denken:
‚Okay. So ist es eben. Damit werde ich fertig.'
Jemand, der sagt: ‚Das wird schon.'
Jemand, der unser Vertrauen stärkt:
in dich, Gott,
und in uns selbst.
Du kennst uns, besser als wir selbst uns kennen.
Du weißt, was uns gut tut, besser als wir selbst es wissen.

Gesang: *O Christe Domine Jesu (Taizé)*
oder: *Meine Seele erhebt den Herren (EG 310)*

Wir bitten dich für alle Frauen, die sich Kinder wünschen.
Für alle Frauen, die mit Kindern leben.
Für alle Frauen, die keine Kinder wollen.
Für alle, die sich trauen, ihr Kind zu bekommen,
auch wenn es kein Wunschkind ist.
Für alle, die keinen Mut haben.
Für alle, die keine Unterstützung erleben.
Für alle, die ihre Kinder verlieren,
durch Krankheit, Sucht, Unfall, Krieg oder Streit.

Gesang: *O Christe Domine Jesu (Taizé)*
oder: *Meine Seele erhebt den Herren (EG 310)*

Wir bitten dich für alle Menschen,
die annehmen, was das Leben ihnen abverlangt.
Für alle, die scheitern.
Für alle, die einen Neuanfang suchen.
Für alle, denen kein Neuanfang gelingt.

Gesang: *O Christe Domine Jesu (Taizé)*
oder: *Meine Seele erhebt den Herren (EG 310)*

Stilles Gebet
Vaterunser

Abschluss (EG 157)
Lass mich dein sein und bleiben,
du treuer Gott und Herr,
von dir lass mich nichts treiben,
halt mich bei deiner Lehr.
Herr lass mich nur nicht wanken,
gib mir Beständigkeit;
dafür will ich dir danken
in alle Ewigkeit.

4
Matthäus 1,18–24
„… da erschien ihm der Engel des Herrn im Traum …“

Ein Traum von Mann
Er – nicht untypisch für seinesgleichen –
möchte sich aus der Affäre ziehen.
Aber dann die Stimme im Traum,
die Stimme seines Herzens – vielleicht?
Später noch zweimal!
Die Frau hat Glück gehabt.
Das Kind wird gerettet für härtere Tage,
der Sohn,
der Immanuel,
Jesus.

Ein Traum von Mann, Josef.
Ungewollt Vater,
weiß der Himmel, wie,
und zaudert nicht lange:
Dein Kind ist mein Kind.
Dein Gott ist mein Gott.
Gab es das, Generationen zuvor,
nicht schon einmal so ähnlich?

Das gibt es heute noch:
Einem Kind Vater sein,
egal, von wem:
Schutz.
Fürsorge.
Verlässlichkeit.
Ein Zuhause.
Vielleicht ein Vorbild.
Mindestens ein Freund.
Unter allen Umständen:
Bethlehem – Ägypten – Nazareth – sonstwo.

Gesang: *Oculi nostri ad Dominum Deum (Taize EG 789.5 HE)*
oder: *Die Gott suchen (EG 176)*

Das gibt es heute noch:
Jemand nimmt eine Aufgabe an,
auch wenn sie nicht selbstgewählt ist.
Jemand wirft seine Bedenken über Bord,
beweist Mut,
fühlt sich gemeint,
sieht sich gebraucht.

Gesang: *Oculi nostri ad Dominum Deum (Taize EG 789.5 HE)*
oder: *Die Gott suchen (EG 176)*

Vater im Himmel, wir bitten dich:
Für alle Männer, die Vater werden.
Für alle Männer, die gern Vater sind.
Für alle, die ein fremdes Kind annehmen.
Für alle, die treu zu ihren Familien stehen.

Gesang: *Oculi nostri ad Dominum Deum (Taize EG 789.5 HE)*
oder: *Die Gott suchen (EG 176)*

Wir bitten dich für uns alle:
Dass wir nicht ausweichen.
Dass wir uns nicht entziehen.
Dass wir Vertrauen haben:
in deine Engel,
in dich.

Lass deine Engel um uns sein,
um uns und in uns:
in unseren Träumen,
in unseren Gedanken,
in unserem Tun.

Gesang: *Oculi nostri ad Dominum Deum (Taize EG 789.5 HE)*
oder: *Die Gott suchen (EG 176)*

Stilles Gebet

Vaterunser

Abschluss (aus EG 852)

Ich befehle mich,
meinen Leib und Seele
und alles
in deine Hände.
Dein heiliger Engel sei mit mir,
dass der böse Feind
keine Macht an mir finde.

5
Lukas 22,39–44
„Es erschien ihm aber ein Engel vom Himmel und stärkte ihn."

Den Tod vor Augen
Jeder stirbt für sich allein, Gott.
Du ersparst uns nichts.
Du hast ihm nichts erspart.
Du hast dir selbst nichts erspart.
Es geschieht, dass du Gebete nicht erhörst.
Alles geht seinen Gang
Unheilvoll.

Gesang: *Kyrie eleison (aus EG 178.9–12)*
oder: *Höre, höre uns (EG 565 HE)*

Die beistehen könnten,
halten es nicht aus,
fliehen
in den Schlaf
ins Vergessen:
nicht ansprechbar.

Jeder stirbt für sich allein.
Dieser schwitzt Blut und Wasser,
klagt,
ringt,
betet.

Gesang: *Kyrie eleison (aus EG 178.9–12)*
oder: *Höre, höre uns (EG 565 HE)*

Jemand vom Himmel, der dich stärkt?
Einer, der dir die Stirn wischt.
Einer, der deine Hand hält.
Eine, die am Krankenbett singt.
Eine, die ein Vaterunser murmelt.

Nur auf eins kommt es an:
jemand ist da.
Irgendeiner ist dein Engel.
Jetzt und in der Stunde deiner Todesangst.

Jetzt und in der Stunde deiner Todesangst:
Die Rote-Kreuz-Schwester.
Der Sanitäter.
Die von der Notfallseelsorge.
Dein Freund.
Deine Frau.
Dein Hund.
Jemand.
Am Unfallort.
Im Krankenhaus.
Hinter den Kulissen.
Auf dem Kampfplatz.
Vor Gericht.

Gesang: *Kyrie eleison (aus EG 178.9–12)*
oder: *Höre, höre uns (EG 565 HE)*

Eine Nachbarin bringt Suppe vorbei.
Eine Freundin bleibt über Nacht,
vertreibt deine Gespenster.
Jemand summt einen Choral
oder betet mit dir.

Gesang: *Kyrie eleison (aus EG 178.9–12)*
oder: *Höre, höre uns (EG 565 HE)*

Lass deine Engel um uns sein,
Gott,
wenn es hart auf hart kommt,
wenn es mit uns zu Ende geht.
Wenn unsere Stunde da ist,
lass uns nicht allein.

Und gib,
dass wir unsere nächsten Menschen nicht verlassen.
Dass wir sie stärken können
und trösten
und loslassen
und in Frieden gehen lassen.

Lass uns die Gelegenheiten nicht versäumen,
in denen einer uns braucht,
in denen eine uns ruft,
in denen es auf uns ankommt,
in denen wir unersetzlich sind.
Darum bitten wir dich.

Gesang: *Kyrie eleison (aus EG 178.9–12)*
oder: *Höre, höre uns (EG 565 HE)*

Stilles Gebet
Vaterunser

Abschluss (EG 376,3)
Wenn ich auch gleich nichts fühle
von deiner Macht,
du führst mich doch zum Ziele
auch durch die Nacht:
so nimm denn meine Hände
und führe mich
bis an mein seligs Ende
und ewiglich!

6
Offenbarung 12, (1–6) 7–12a
„Michael und seine Engel kämpften gegen den Drachen.“

Trotz dem alten Drachen
Der Drache.
Der Zerstörer.
Der Durcheinanderwerfer.
Diabolos.
Der Teufel sitzt im Detail.

Gesang: *Oculi nostri ad Dominum Deum (Taizé, EG 789.5 HE)*
oder: *Sende dein Licht und deine Wahrheit (EG 172)*

Er freut sich:
Am Krieg.
Am Tod.
Am Geld.
An Hunger und Krankheit.
Sein Hass: unerbittlich.
Bosheit und Lüge
bilden seine Spur.

Gesang: *Oculi nostri ad Dominum Deum (Taizé, EG 789.5 HE)*
oder: *Sende dein Licht und deine Wahrheit (EG 172)*

Ohne Geduld und Freundlichkeit.
Eifersüchtig und mutwillig.
Aufgebläht.
Ungehörig.
Auf den eigenen Vorteil aus.
Erbittert.
Nachtragend – rechnet das Böse stets zu.
Lacht über Ungerechtigkeit und Lüge.

Erträgt nichts.
Glaubt nichts.
Hofft nichts.
Duldet nichts.

Aber seine Macht endet.

Gesang: *Oculi nostri ad Dominum Deum (Taizé, EG 789.5 HE)*
oder: *Sende dein Licht und deine Wahrheit (EG 172)*

Michael und seine Engel.
Streiter für Gott.
Voll Rat und Tat.
Ach, dass sie den Himmel zerrissen und führen hinab!
Macht über den Ungeist,
über böse Gedanken und Träume,
über Gefahr für Leib und Leben.

Gesang: *Oculi nostri ad Dominum Deum (Taizé, EG 789.5 HE)*
oder: *Sende dein Licht und deine Wahrheit (EG 172)*

Einen wie Michael
wünschen wir uns:
starke Hände in Angst und Gefahr.
Klare Augen.
Feine Ohren.
Stimme: lebendig, kräftig und scharf.
Michael: Wer ist wie Gott?

Gesang: *Oculi nostri ad Dominum Deum (Taizé, EG 789.5 HE)*
oder: *Sende dein Licht und deine Wahrheit (EG 172)*

Gott,
lass deine Engel um uns sein,
Streiter für Frieden und Gerechtigkeit.
Hände für Tier und Mensch.
Hände, die bebauen und bewahren.

Deine Gerechtigkeit.
Deine Gnade.
Dein starker Arm.
Deine rettende Hand.
Dein Wille geschehe
im Himmel und auf Erden.

Gesang: *Oculi nostri ad Dominum Deum (Taizé, EG 789.5 HE)*
oder: *Sende dein Licht und deine Wahrheit (EG 172)*

STILLES GEBET
Vaterunser

ABSCHLUSS (EG 396,3)
Trotz dem alten Drachen,
Trotz dem Todesrachen,
Trotz der Furcht dazu!
Tobe, Welt, und springe;
Ich steh hier und singe
in gar sichrer Ruh.
Gottes Macht hält mich in acht,
Erd und Abgrund muss verstummen,
ob sie noch so brummen.

11 Tag des Heils

Gebete zu Erntedank und zum Ende des Kirchenjahres

Erntedankfest

2.Korintherbrief 9, 6–15 (Ep)

Großmütig und segensreich
So möchte er uns,
Meister Paulus:
Großherzig,
großmütig,
segensreich.

Denn gesegnet sind wir
mit allem Nötigen und mehr:
Essen und Trinken.
Kleider und Schuh.
Ein eigenes Bett.
Eine warme Behausung.
Menschen, die zu uns stehen.
Frieden im Land.

Reich Beschenkte sind wir.
Das stimmt.
Manchmal sind wir fröhlich darüber.
Manchmal finden wir es selbstverständlich.
Manchmal ist es uns egal.
Meistens denken wir gar nicht darüber nach.

Manchmal geben wir gern etwas ab.
Selten teilen wir.
Hin und wieder tut es uns um jedes Geldstück leid.
Dann gönnen wir uns selber nichts

und anderen erst recht nicht.
So sind wir.
Mein Gott!

Gesang: *Kyrie eleison (aus EG 178.9–12)*

Wir bitten dich
für alle, denen Lebensnotwendiges fehlt:
Menschen ohne Heimat und Haus,
ohne Liebe und Brot,
ohne Hoffnung und Zuversicht.
Kinder ohne Eltern,
Bauern ohne Land,
Arbeit Suchende,
schlecht Bezahlte,
unwürdig Behandelte,
um ihr Geld Betrogene.

Gesang: *Kyrie eleison (aus EG 178.9–12)*

Wir bitten dich für alle,
die zu viel des Guten haben,
denen ihr Reichtum das Herz verhärtet
und den Blick verstellt,
die nicht an andere denken,
die nichts für andere wollen,
die keine Ahnung davon haben,
wie geteilte Freude sich verdoppeln kann.

Gesang: *Kyrie eleison (aus EG 178.9–12)*

Wir bitten dich für uns selbst:
wenn wir kleinlich und ‚kärglich' sind:
wenn wir kleinkariert denken,
kleinmütig handeln,
kleingläubig sind;
wenn wir nur das Negative sehen,
uns nichts zutrauen,

dem Leben nicht
und vor allem dir nicht, Gott,
der du doch überschwänglich bist
und gnädig
und segensreich,
unaussprechlich segensreich!

Gesang: *Kyrie eleison (aus EG 178.9–12)*

Stilles Gebet

Vaterunser

Abschluss (EG 848 HE)

Dir sei, o Gott, für Speis und Trank,
für alles Gute Lob und Dank.
Du gabst, du willst auch künftig geben.
Dich preise unser ganzes Leben.

Drittletzter Sonntag im Kirchenjahr
Lukas 17,20–24 (Ev)
Die Lesung schließt mit dem Wochenspruch 2.Kor 6,2: Siehe, jetzt ist die Zeit der Gnade, siehe, jetzt ist der Tag des Heils.

Zeit der Gnade – Tag des Heils
Zeit der Gnade, Tag des Heils,
Christus, du bist mitten unter uns,
stillst unsere Sehnsucht,
gibst unserer Erwartung Sinn,
hebst uns hinaus über die Dinge dieser irdischen Welt,
stellst uns hinein ins Leben deiner Geschöpfe.
Dank sei dir.

Wir bitten dich für alle Menschen,
die vom Leben nichts mehr erwarten,
die kraftlos, traurig, enttäuscht sind.
Lass ihnen dein Licht aufgehen,
blitzartig oder nach und nach.
Lass sie spüren, entdecken, verstehen:
Da sein, in deiner Gegenwart leben,
ist genug, mehr als genug.

Gesang: *Bonum est confidere (Taizé)*
oder: *Höre, höre uns, Gott, wir bitten dich (EG 565 HE)*

Wir bitten dich für alle,
die zu viel oder Falsches vom Leben erwarten,
die nicht erkennen, wo ihr Platz ist,
die nicht wahrnehmen, wo sie gebraucht werden,
die nach den Sternen greifen,
wo ihnen doch die Sonne scheint.

Gesang: *Bonum est confidere (Taizé)*
oder: *Höre, höre uns, Gott, wir bitten dich (EG 565 HE)*

Wir bitten dich für uns:
Lass uns nicht müde werden und antriebslos.

Bewahre uns vor falscher Zufriedenheit.
Bewahre uns vor Unzufriedenheit.
Lass uns sehnsüchtig bleiben nach deinem Wort.
Lass uns erfüllt sein von deinem Geist,
heute und an allen Tagen unseres Lebens.

Gesang: *Bonum est confidere (Taizé)*
oder: *Höre, höre uns, Gott, wir bitten dich (EG 565 HE)*

Stille
Vaterunser

Abschluss
Jetzt ist die Zeit der Gnade. Jetzt ist der Tag des Heils.
Dir, Gott, sei Dank und Ehre in Ewigkeit.

Vorletzter Sonntag im Kirchenjahr
Matthäus 25,31–46 (Ev)

Geh nicht mit mir ins Gericht!
Manche Geschichten machen mich ratlos.
Glaube ich noch an ein letztes Gericht?
Doch wohl eher nicht …

Vielleicht kommt es nicht darauf an,
was ich mir vorstellen kann und was nicht.
Vielleicht kommt es nur darauf an,
was ich lasse oder tue.
Hungrige speisen.
Durstige tränken.
Nackte kleiden.
Kranke besuchen.
Zu denen im Gefängnis gehen.
Tote würdig bestatten.
Werke der Barmherzigkeit.
Mein Gott!

Gesang: *Bonum est confidere (Taizé)*
oder: *Höre, höre uns, Gott, wir bitten dich (EG 565 HE)*

Ich gebe mir Mühe.
Ich tu mein Bestes.
Ich möchte ein guter Mensch sein.
Niemandem zur Last fallen.
Immer pflichtbewusst …
Ich spende für Brot für die Welt und für die Blindenmission.
Für Greenpeace gelegentlich auch.
Da weiß man doch, wo das Geld hinkommt.
Ich kümmere mich um meine Familie,
meine alten Eltern, mein Enkelkind.
Damit habe ich gut zu tun.
Bettlern am Straßenrand gebe ich nichts.
Die versaufen das doch nur.
Aber ein gutes Butterbrot bekommt jeder von mir.

Beerdigungen versäume ich nicht.
Ins Krankenhaus gehe ich ungern.
In einem Gefängnis war ich noch nie.
Die Kirche hat doch Spezialisten dafür:
fürs Krankenhaus
und fürs Gefängnis auch.
Dafür zahle ich die Kirchensteuer gern!

Gesang: *Bonum est confidere (Taizé)*
oder: *Höre, höre uns, Gott, wir bitten dich (EG 565 HE)*

Wenn Jesus käme – vorausgesetzt, ich erkennte ihn –,
würde ich ihm etwas Gutes kochen.
Und einen schönen Wein aufmachen.
Beim Abschied bekäme er noch
einen selbstgebackenen Kuchen von mir.
Ja, ich bin der Martha-Typ, ich gebe es zu.

Gesang: *Bonum est confidere (Taizé)*
oder: *Höre, höre uns, Gott, wir bitten dich (EG 565 HE)*

Barmherziger!
Jesus, Menschensohn!
Ich weiß nicht, ob es bei mir reicht.
Mit der Nächstenliebe und den guten Werken.
Ich möchte ein guter Mensch sein.
Ich bin nicht besser als die anderen.

Gesang: *Bonum est confidere (Taizé)*
oder: *Höre, höre uns, Gott, wir bitten dich (EG 565 HE)*

Deine Barmherzigkeit,
Jesus!
Deine Großmut.
Dein Verzeihen.
Geh nicht mit mir ins Gericht.
Hab Geduld.
Du hast so viel ausgehalten.

Halte mich aus:
Meine engen Grenzen.
Meine kurze Sicht.
Meine Ängstlichkeit.

Mach mich aufmerksam.
und achtsam.
Vielleicht sogar: liebevoll.
Hilf mir über den eigenen Schatten,
über den Tellerrand,
über mich selbst hinaus.

Erbarme dich!
Sei mein Anwalt, sprich für mich
im Gericht.

Gesang: *Bonum est confidere (Taizé)*
oder: *Höre, höre uns, Gott, wir bitten dich (EG 565 HE)*

Abschluss *(Psalm 139, 23–24)*
Erforsche mich Gott,
und erkenne mein Herz;
prüfe mich und erkenne, wie ich's meine.
Und sieh, ob ich auf bösem Wege bin,
und leite mich auf ewigem Wege.

Letzter Sonntag im Kirchenjahr/Ewigkeitssonntag

Offenbarung 21, 1–7 (Ep)

Wir könnten uns freuen

Gott, wenn das alles stimmt,
wenn du es bist, der auf uns zu kommt,
wenn du es bist, der den Himmel auf die Erde bringt,
wenn du alles neu machst,
alle Tränen abwischst,
Leid, Geschrei und Schmerz im Nu hinweg fegst,
und sogar den Tod – unfassbar,
dann könnten wir uns ja freuen!
Dann könnten wir aufatmen.
Dann brauchten wir nichts mehr zu fürchten, gar nichts mehr.
Dann brauchten wir nichts als Vertrauen und Hoffnung in dich,
unseren Gott.

Gesang: *Bonum est confidere (Taizé)*
oder: *Höre, höre uns, Gott, wir bitten dich (EG 565 HE)*

Wir bitten dich an diesem Abend für alle,
die in diesen Tagen weinen,
die einen bösen Verlust beklagen,
die nicht ein noch aus wissen,
die nur schwarz sehen, wenn sie an die Zukunft denken,
Menschen, die neues Vertrauen brauchen und neue Hoffnung.

Gesang: *Bonum est confidere (Taizé)*
oder: *Höre, höre uns, Gott, wir bitten dich (EG 565 HE)*

Wir bitten dich für alle,
die Leid, Geschrei und Schmerz ertragen,
für alle, die tapfer durchhalten,
für alle, die klein beigeben,
für alle, die am liebsten aufgeben möchten,
für Menschen, die neues Vertrauen brauchen und neue Hoffnung.

Gesang: *Bonum est confidere (Taizé)*
oder: *Höre, höre uns, Gott, wir bitten dich (EG 565 HE)*

Wir bitten dich für alle,
die unermüdlich darin sind,
zu trösten, zu heilen, gesund zu machen,
dem Übel an die Wurzel gehen,
Probleme beim Schopf packen,
deren Herz für Frieden und Gerechtigkeit brennt.
Sind sie es doch, die Vertrauen und Hoffnung stiften
und ein Licht anzünden in dunkler Nacht.

Gesang: *Bonum est confidere (Taizé)*
oder: *Höre, höre uns, Gott, wir bitten dich (EG 565 HE)*

Stilles Gebet

Vaterunser

Abschluss

Bald ist Advent.
Dein Licht scheint in die Finsternis der Welt.
Wir freuen uns.
Gib, dass wir Freude ausbreiten.
Gib, dass wir Menschen deines Friedens sind.
Gib, dass wir Vertrauen und Hoffnung lebendig erhalten
in uns selbst und in denen, die uns begegnen.

12 Weitere Gebete

Zur Passionsgeschichte nach Lukas

1

Lukas 22,1–6 Der Verrat des Judas

Für Täter und Opfer
Manche Menschen tun schlimme Dinge für Geld,
manche tun schlimme Dinge aus Missgunst, Eifersucht, Neid.
Manche tun schlimme Dinge und wissen nicht, warum.
Manche tun ihren nächsten Menschen schlimme Dinge an.
Dir sei's geklagt, Herr Jesus Christus!

Gesang: *O Christe Domine Jesu (Taizé)*

Wir bitten dich,
für alle, die sich von bösen Gedanken leiten lassen,
für alle, die ihr Liebstes verraten,
für alle, die anderen nach dem Leben trachten,
für alle, die keine Gegner ertragen.

Gesang: *O Christe Domine Jesu (Taizé)*

Wir bitten dich für alle,
die Opfer werden von Missgunst und Verrat,
für alle, die verfolgt werden
wegen ihrer Hautfarbe, ihrer Religion, ihrer politischen Überzeugung,
für alle, die sich Unrecht gefallen lassen
und ihre Überzeugungen *nicht* verraten.

Gesang: *O Christe Domine Jesu (Taizé)*

Wir bitten dich für uns:
dass wir nicht das Gute wollen und das Böse tun,
dass wir nicht ängstlich sind,
dass wir nicht treulos sind,
dass wir unseren Weg gehen, dir nach,
auch wenn der Boden unter unseren Füßen wankt

Gesang: *O Christe Domine Jesu (Taizé)*

STILLES GEBET

Vaterunser

ABSCHLUSS

Du weißt, was Leiden ist. Du weißt, was Schmerzen sind.
Der du mein Bruder bist, ein Mensch und Gottes Kind.
Erstehe neu in mir. Erstehe jeden Tag.
Erhalte mich bei dir, was immer kommen mag.
(Otmar Schulz 2010)

2
Lukas 22,24–38 Gespräch mit den Jüngern

Auf den Kopf gestellt
Ach Jesus!
Was sollen wir von dir halten?
Du stellst die Verhältnisse auf den Kopf:
Großes wird klein, Kleines wird groß.
Nichts bleibt, wie es ist.
Du sprichst vom Schwertkauf und verzichtest doch auf Gewalt.
Du versprichst deinen Freunden ein himmlisches Fest
und weißt doch, dass keiner deinen Weg von sich aus gehen kann.
Wie sollen wir dich jemals verstehen?

Gesang: *O Christe Domine Jesu (Taizé)*

Du hast für deinen Jünger Simon gebetet.
Wir bitten dich, bete auch für uns, dass unser Glaube nicht aufhört,
und dass wir andere Menschen stärken können
in Unsicherheit, Verzweiflung, Angst.

Gesang: *O Christe Domine Jesu (Taizé)*

Wir bitten dich für alle,
die den Glauben verlieren,
weil ihnen das Leben so übel mitspielt:
(die Erdbeben und Tsunami überlebt haben,)
aber ihre liebsten Menschen sind tot.
Heimat und Haus sind zerstört,
in Kälte und schlecht versorgt halten sie aus,
(müssen Angst haben vor atomarer Strahlung)
und wissen nicht, wie es weiter gehen kann.

Gesang: *O Christe Domine Jesu (Taizé)*

Wir bitten dich für alle, die zum Schwert greifen
und für alle, die durchs Schwert umkommen.
(In Syrien, in Ägypten und den anderen Ländern des arabischen Raums,

in Afghanistan, in den Ländern Afrikas)
im Dickicht unserer Städte
auf den Straßen des Lebens – überall.

Gesang: *O Christe Domine Jesu (Taizé)*

Wir bitten dich für alle, die das Sagen haben
in Wirtschaft und Politik,
Lass sie unsicher werden,
erschüttere sie,
lass sie umdenken und begreifen
dass es keine Sicherheiten in diesem Leben gibt.
Wehre dem Machthunger und der Unersättlichkeit –
auch in uns selbst!

Gesang: *O Christe Domine Jesu (Taizé)*

Du siehst, was uns bedrückt und ängstigt.
Du selbst hast erlebt und erlitten, was ein Mensch erleiden kann.
Du wolltest es so.
Manchmal sind wir bereit dir zu folgen und manchmal nicht.
Nimm uns die Angst um uns selbst.
Mach uns freundlich, einfühlsam, hilfsbereit und mutig,
dass wir an unserem Platz
einstehen für dich,
einstehen für unsere Nächsten,
einstehen für das Leben,
das du liebst und nach deinem Willen erhältst.

Gesang: *O Christe Domine Jesu (Taizé)*

Stilles Gebet
Vaterunser

Abschluss (EG 361, 5)

Und ob gleich alle Teufel
hier wollten widerstehn,
so wird doch ohne Zweifel
Gott nicht zurücke gehn;
was er sich vorgenommen
und was er haben will,
das muss doch endlich kommen
zu seinem Zweck und Ziel.

3
Lukas 22, 54–71 Die Verleugnung des Petrus/Vor dem Hohen Rat

Wer kann dich verstehen?
Herr Jesus Christus,
wie konntest du das nur aushalten!
Verlassen von den besten Freunden,
verraten,
verleugnet,
verspottet,
vor verständnislose Gutachter gezerrt.

Du bist so ruhig geblieben.
Du hast dich nicht gewehrt.
Du hast dich nicht verteidigt.
Du hast dich nicht entzogen.
„Ich bin es“ ist alles, was du sagst.

Wer kann dich verstehen?

Gesang: *O Christe Domine Jesu (Taizé)*

Du bist unser Bruder.
Du bist unser Herr.
Du bist Gott für uns.

Wir bitten dich
für alle, die im Stich gelassen werden,
für alle, die in ihrem Lebenskampf allein sind,
für alle, die geduldig Unabwendbares aushalten,
für alle, die nicht wissen, wie es weitergehen wird,
für alle, die vergeblich auf Mitgefühl und Beistand warten.

Gesang: *O Christe Domine Jesu (Taizé)*

Wir bitten dich
für alle, die ihre nächsten Menschen verraten und verleugnen,
für alle, die andere unter Druck setzen und herausfordern,

für alle, die einem Unrecht tatenlos zusehen,
für alle, die sich mit den Herrschenden verbünden,
für alle, die ihre Macht missbrauchen.

Gesang: *O Christe Domine Jesu (Taizé)*

Wir bitten dich – auch für uns:
für Menschen, die uns anvertraut sind,
für Menschen, die auf uns warten,
für Menschen, die wir übersehen oder vergessen.

Gesang: *O Christe Domine Jesu (Taizé)*

Stilles Gebet

Für unsere Mitgeschöpfe:
Tiere und Pflanzen
Feuer, Wasser, Erde, Luft,
für deine ganze wunderbare und gequälte Schöpfung
bitten wir dich,
Gott, Vater – Sohn – Heiliger Geist,
und beten gemeinsam

Vaterunser

Abschluss (EG 430, 3)

Gib Frieden, Herr, wir bitten,
du selbst bist, was uns fehlt.
Du hast für uns gelitten,
hast unsern Streit erwählt,
damit wir leben könnten,
in Ängsten und doch frei
und jedem Gutes gönnten,
wie feind er uns auch sei.

4
Lukas 23,26–49 (– 56) Jesu Weg nach Golgatha; Jesu Kreuzigung und Tod; (Jesu Grablegung)

Lieber weg sehen
Alle sind sie versammelt
am Ort der Schande und des Schreckens: Golgatha.
Lachend,
spottend,
bittend,
weinend,
fragend,
voll Furcht.
Am Ende: Grabesruhe – totenstill.

O Gott,
lieber möchten wir weg sehen als hin sehen,
lieber vergessen als vergeben,
lieber den Kopf in den Sand als Schuld eingestehen.

Gesang: *O Christe Domine Jesu (Taizé)*

Wir bitten dich,
gedenke der Drahtzieher, der Handlanger, der Mitläufer,
gedenke der Feiglinge, der Gierigen, der Gleichgültigen,
gedenke derer, die nicht wissen, was sie tun,
gedenke derer, die genau wissen, was sie tun.

Gesang: *O Christe Domine Jesu (Taizé)*

Alle dort unter dem Kreuz, in ferner Zeit, in naher Zeit:
deine Geschöpfe,
blind und blindlings,
taub, verstockt,
trägen Herzens,
tieftraurig,
friedlos und ohne Vernunft –
Erbarme dich, Herr!

Gesang: *O Christe Domine Jesu (Taizé)*

Stilles Gebet

Vaterunser

Abschluss (EG 533,2 + 3)

Es münden alle Pfade
durch Schicksal, Schuld und Tod
doch ein in Gottes Gnade,
trotz aller unsrer Not.
Wir sind von Gott umgeben
auch hier in Raum und Zeit
und werden mit ihm leben
und sein in Ewigkeit.
(Arno Pötzsch 1941)

Zu anderen Perikopen

5
Markus 12,28–34 (18.Sonntag nach Trinitatis Ev)

Du hast uns zuerst geliebt
Gott, dich lieben
mit Herz und Seele
Gemüt und allen Kräften,
wie könnten wir?
Du bist es ja,
der uns zuerst geliebt hat –
über alle Maßen.
Wir fassen es nicht!

Gesang: *O Christe Domine Jesu (Taizé)*

Jesus, Sohn Gottes,
Bruder der Menschen,
Gottes Liebesbeweis,
sieh uns an,
erbarme dich!

Gesang: *O Christe Domine Jesu (Taizé)*

Heiliger Geist,
Tröster, lebendige Kraft,
entzünde das Feuer
deiner göttlichen Liebe
in allen Verbitterten und Verzagten,
in allen Verlassenen und Enttäuschten,
in allen Verlorenen und Misshandelten.

Entzünde dein Feuer
auch in uns.

Gesang: *O Christe Domine Jesu (Taizé)*

Stille

Vaterunser

Abschluss

Du, Gott, hast uns zuerst geliebt,
darum können wir uns selbst in die Augen sehen.
Du hast uns zuerst geliebt,
darum können wir einander freundlich ansehen.
Du hast uns zuerst geliebt,
darum lieben wir dich, wie Kinder ihre Eltern lieben:
dankbar, vertrauensvoll, staunend.

6
Hebräerbrief 4,12–13 (Sexagesimä Ep)

Lebendig, kräftig, scharf
Wie könnten wir leben, Gott,
ohne dein Wort:
dein lebendiges Wort,
dein kräftiges Wort,
dein scharfes Wort.

Dein Wort, das unsere Gedanken klärt,
dein Wort, das unser Herz bewegt
dein Wort, das unseres Fußes Leuchte ist,
Licht auf unserem Weg?

Wir könnten wir leben ohne dein Wort,
das uns fröhlich macht und nachdenklich,
das uns stärkt und ermutigt,
das uns zurecht bringt, wenn wir irre gehen,
das uns ausrichtet auf dein Reich?

Danke, Gott, für dein Wort,
lebendig – kräftig – scharf.

Gesang: *Ubi caritas et amor (Taizé)*
oder: *Gottes Wort ist wie Licht in der Nacht (EG 572 HE)*

Wir bitten dich heute (Abend) für alle,
die sich um dein Wort mühen:
Bibelübersetzer,
Lehrerinnen,
Predigerinnen,
Vorleser,
Studierende,
Missionare.
Wir bitten dich für sie um Geduld,
Leidenschaft,
Entdeckerfreude.

Gesang: *Ubi caritas et amor (Taizé)*
oder: *Gottes Wort ist wie Licht in der Nacht (EG 572 HE)*

Wir bitten dich für alle,
denen dein Wort zu Ohren kommt:
Konfirmanden,
Kirchgängerinnen,
Kinder in Schule und Gottesdienst,
Radiohörer,
Fernseherinnen,

Und für alle,
die selbst in deinem Buch lesen
und sich ihren Reim darauf machen.

Wir bitten dich für sie
um offene Herzen und Sinne,
einen wachen Verstand,
Klarheit der Gedanken und Empfindungen,
Mut zu kritischen Fragen.

Gesang: *Ubi caritas et amor (Taizé)*
oder: *Gottes Wort ist wie Licht in der Nacht (EG 572 HE)*

Wir bitten dich für alle,
die dein Wort verachten,
denen es zu anstrengend ist,
die es unvernünftig und altmodisch finden,
die nicht glauben können, dass du, Gott, tatsächlich sprichst –
und auch noch durch ein Buch,
das doch Menschen geschrieben haben!

Wir bitten dich für sie
um Neugier,
um Geistesblitz,
um Leselust,
um überzeugende Begegnungen.

Gesang: *Ubi caritas et amor (Taizé)*
oder: *Gottes Wort ist wie Licht in der Nacht (EG 572 HE)*

Stilles Gebet

Vaterunser

Abschluss (EG 295,4)

Dein Wort, Herr, nicht vergehet,
es bleibet ewiglich,
so weit der Himmel gehet,
der stets beweget sich.
Dein Wahrheit bleibt zu aller Zeit
gleich wie der Grund der Erden
durch deine Hand bereit.

7
Markus 13,31–37 (Pred V zum letzten Sonntag im Kirchenjahr/Ewigkeitssonntag)

Was vergeht und was bleibt
Alles geht so schnell:
Dein Kind – erwachsen,
dein Arbeitsleben – vorbei,
Freundschaften enden,
ein geliebter Mensch ist tot.
Draußen fällt das Laub.
Du spürst die eigene Vergänglichkeit.
Du spürst, dass nichts im Leben für immer ist.

Jesus Christus spricht: Himmel und Erde werden vergehen,
aber meine Worte werden nicht vergehen.
Ihm zu vertrauen, auf ihn zu hoffen, ist gut.

Gesang: *Bonum est confidere in Domino (Taizé)*

Wir bitten dich, Herr Jesus Christus,
für alle Menschen, die in diesen Tagen verzweifeln,
weil ihre Lebenspläne gescheitert sind,
weil sie von anderen enttäuscht wurden,
weil das Geld hinten und vorne nicht reicht,
weil sie selbst Unheil angerichtet haben.
Bei dir ist keiner verloren.
Auf dich zu hoffen, dir zu vertrauen ist gut.

Gesang: *Bonum est confidere in Domino (Taizé)*

Wir bitten dich für alle,
die die Zeit verschlafen,
die Gelegenheiten versäumen,
die den Ansprüchen anderer nicht genügen,
die zu spät kommen, immer und überall.
Bei dir ist keiner verloren.
Auf dich zu hoffen, dir zu vertrauen ist gut.

Gesang: *Bonum est confidere in Domino (Taizé)*

Wir bitten dich für alle
die mit wachem Sinn etwas vom Leben erwarten,
etwas von dir erwarten:
Dass sie nicht müde werden.
Dass ihre Kraft nicht vor der Zeit nachlässt.
Dass ihr Vertrauen nicht enttäuscht wird.
Dass ihr Mut nicht sinkt.

Du bist da.
Du lässt dich finden.
Auf dich zu hoffen, dir zu vertrauen ist gut.

Gesang: *Bonum est confidere in Domino (Taizé)*

Stilles Gebet
Vaterunser

Abschluss
Jesus, du siehst uns alle:
die Tüchtigen, die Untüchtigen,
die Liebevollen, die Lieblosen,
die Fröhlichen, die Verzagten,
die Kraftvollen, die Kraftlosen.
Wir alle sind dir ans Herz gewachsen –
nichts reißt uns aus deiner Hand.
Gott sei Dank!

Register der Bibelstellen (Lesungstexte)

Dienst am Wort

Band 158: Christian Siebold / Maike Siebold

Predigen mit moderner Literatur

12 literarische Gottesdienste

Mit einem Vorwort von Markus Klose.
117 Seiten, kartoniert
ISBN 978-3-525-63055-6
eBook ISBN 978-3-647-63055-7

Band 157: Stephan Goldschmidt (Hg.)

Erinnerungsfeste

Gottesdienste mit und für Menschen mit Demenz

2014. 145 Seiten, kartoniert
ISBN 978-3-525-63054-9
eBook ISBN 978-3-647-63054-0

Band 156: Stephan Goldschmidt (Hg.)

Weihnachtsworte

Geschichten und Gedanken für Andacht und Predigt

2013. 156 Seiten mit Vignetten, kartoniert
ISBN 978-3-525-63051-8
eBook ISBN 978-3-647-63051-9

Band 155: Dirk Schliephake / Martina Thiele (Hg.)

12 Kindergottesdienste mit elementaren Bibelgeschichten 2

Neues (Testament) mit Frau Bibelwitz

2013. 144 Seiten mit zahlreichen Abb. und digitalem Zusatzmaterial, kartoniert
ISBN 978-3-525-63050-1
eBook ISBN 978-3-647-63050-2

Band 154: Max Koranyi

Gottesdienste rund um die Konfirmation

Entwürfe zu Konfirmationen, Konfirmandenabendmahl, Goldkonfirmation und Vorstellungsgottesdiensten

2013. 104 Seiten, kartoniert
ISBN 978-3-525-63049-5
eBook ISBN 978-3-647-63049-6

Band 153: Lutz Friedrichs (Hg.)

Bestattung – Anregungen für eine innovative Praxis

2013. 144 Seiten mit 2 Abb., kartoniert
ISBN 978-3-525-63052-5
eBook PDF ISBN 978-3-647-63052-6
ePub ISBN 978-3-647-99609-7

Band 152: Hans-Georg Ulrichs (Hg.)

Bilder predigen

Gottesdienste mit Kunstwerken

2013. 126 Seiten mit digitalem Zusatzmaterial, kartoniert
ISBN 978-3-647-63047-2
eBook PDF ISBN 978-3-647-63049-6
ePub ISBN 978-3-647-99607-3